U0947146

时代光华 培训书系 TIMES BRIGHT CHINA TRAINING BOOKS

世界500强企业培训教程

# 店面营业人员职业化训练

营业人员训练专家
商业经营高级顾问
卢岱元 编著

**图书在版编目(CIP)数据**

店面营业人员职业化训练/卢岱元编著. —北京:北京大学出版社,2003.9
(时代光华培训书系)
ISBN 7-301-06502-7

Ⅰ.店… Ⅱ.卢… Ⅲ.商店—工作人员—培训 Ⅳ.F718

中国版本图书馆 CIP 数据核字(2003)第 075205 号

**书　　名:店面营业人员职业化训练**

著作责任者:卢岱元　编著

责 任 编 辑:江　南　叶　楠

标 准 书 号:ISBN 7-301-06502-7/F·0677

出 版 发 行:北京大学出版社

地　　址:北京市海淀区中关村北京大学校内　100871

网　　址:http://cbs.pku.edu.cn

电　　话:邮购部 62752015　发行部 62750672　编辑部 62752926

电 子 信 箱:em@pup.pku.edu.cn

排　版　者:北京理工大学印刷厂

印　刷　者:北京云西华都印刷厂

经　销　者:新华书店

787 毫米×1092 毫米　16 开本　8.75 印张　104 千字

2003 年 9 月第 1 版　2004 年 6 月第 2 次印刷

定　　价:20.00 元

# 致读者

朋友，如果您是管理者或者是想在职场有所作为的人士，如果您是人力资源经理或者是培训经理，我们很高兴能与您交流，感谢您对本书的关注。

我们正置身于一个急剧变革的时代，面对激烈的职场竞争与市场竞争，管理者个人及其组织要想生存、发展，进而求得事业的成功，必须建立持久的竞争优势。

而管理者个人及其组织惟一持久的竞争优势便是比竞争对手学习得更快的能力。因而，在新世纪，在知识经济的新时代，管理者个人及其组织所面临的主要问题便是学习问题。

鉴于目前国内充斥于市的经管类书籍良莠不齐，优劣难辨，而现场培训课程受时间、地点等诸多限制且费用高昂，为解决管理者及其组织学习培训的难题，时代光华公司作为教育培训服务的专业提供商，在与中华全国工商业联合会、中国企业联合会等战略合作机构联合推出“时代光华管理课程”系列多媒体产品的同时，隆重推出“时代光华培训书系”，为广大企业客户和个人读者提供更多的选择与优质、便利的服务。

“时代光华培训书系”立足中国发展现状与管理实践，整合国内外优质培训学习资源，专为中国管理者个人发展提升和企业组织培训量身订制。该书系具有以下几大特色：

**一、高效实用的培训内容**：一般经管类图书侧重理论知识，本书系则紧扣管理实务，注重实战技能的传授与演练，强调互动与实践，让读者边学边练，即学即用，步步提升，收益显著。

**二、轻松愉快的阅读体验**：不同于一般经管类图书的繁复论述，本书系力求语言简明通俗，内容设计尽可能做到互动化、人性化：传授知识与技能强调要点化、步骤化、图表化，间以精彩的案例分析、生动的小故事与小漫画，版式疏朗有致，让您感到学习不再是被动的劳役，而成为主动参与、乐在其中的享受。

**三、海内外一流的培训专家，超强的作者阵容**：本书系编著者或主讲老师均为来自世界著名跨国公司的高层经理、培训经理及知名管理专家，价值上千元的培训课程之精彩内容尽都囊入一册书中，花费不多却可分享世界500强企业的管理培训精华。

**四、系统全面的管理培训教材体系**：本书系内容涵盖企业管理的各个层级与不同的专业领域，具有相对规范、成熟的编写体例，立志于为我国职业经理培训认证及员工职业化培训提供切实可行、行之有效的教材。

时代光华培训书系作为职业发展培训教材具有与一般图书不同的特点，为了使您对本书系的学习获得实实在在的收益，使您的学习效果最大化，建议您采取如下方法进行学习：

**一、结合实际，有针对性地学习**：为了便于您结合自身状况以及您所在组织的现状，有针对性地、有重点地学习，我们在每本书前均设计了相关的测试题，用以检测评估您在本书所涉及的相关领域的现状，进而从中发现您或您的组织学习、发展的领域，并进一步有针对性地确定您的学习重点。因此我们建议您在正式学习本书前先认真做相关测试题，并分析评估您的现状，再结合学习目标与每章重点，有针对性地进行学习。

**二、高度重视互动练习**：我们借鉴国际知名管理培训教材的做法，在每本书中均安排了大量的互动练习，其目的是为了不断实现目标知识点、技能点与您或您所在组织的现状作对照，从中找到差距，进而通过学习、通过制订改善提高的行动计划，缩小差距，最终消除差距，实现组织行为的完善与个人素质技能的提高。

因此，我们希望您尽量按书中提示，认真做相关的互动练习，使您在单位学习时间内取得尽可能大的学习效果。

**三、把每本书当作您的行动手册**：知道不如做到。我们根据书中传授的知识与技能要点并结合管理工作的实际需要，在每本书中设计了一系列学以致用的工具表单，我们期望借此能有效地促使您将您的所知简便地转换成您的行动，从而在短期内取得量化的、可见的改变。

我们建议您认真填写这些实用的管理工具表单并付诸行动，我们期望您由此发现卓越的管理可以经由学习训练而达成，由此体验到管理培训的价值和我们的培训书系对您的价值。

**四、把每本书当作备忘录**：我们希望您的学习是结合工作实际的，不间断的。当您在现实工作中遇到了某些问题需要处理，但对如何处理没有把握时，请把本书系的相关教材当作您的备忘录，查阅相关知识点、技能点，进而寻求工作指南。

最后需要说明的是，由于各种因素的限制，本书系的编撰一定还存在不少缺陷与不足。如果您有建议与批评，请及时与我们联系，谢谢您帮助我们改进与提高。如果您觉得有所收获，请转告您的朋友和同事，与大家一起分享。

知识改变命运，学习成就未来。愿时代光华培训书系伴随您一路走向成功，走向辉煌！

时代光华培训书系编委会

# 学习目标

通过学习本书,您将能够:

- 明了店面销售的重要意义
- 掌握提高销售利润的要领
- 学到增加顾客忠诚度的方法
- 掌握商品陈列与展示的技巧
- 掌握店面色彩与照明的技巧

## 自我检测

作为一名店面营业员，你是否具备了店面营业员的职业素质？试做以下测试，为自己把脉。（注：以下各项，执行得越充分，得分越高，最高分5分，最低分1分）

| 项　　目 | 得　　分 |
|---|---|
| 店面保持干净整洁 | □1分　□3分　□5分 |
| 精神饱满，工作积极 | □1分　□3分　□5分 |
| 制服整齐，仪容端庄 | □1分　□3分　□5分 |
| 严格遵守待客礼仪 | □1分　□3分　□5分 |
| 对待顾客的态度热情亲切 | □1分　□3分　□5分 |
| 能把握销售机会，促使顾客购买商品 | □1分　□3分　□5分 |
| 顾客对你的店内服务表示满意 | □1分　□3分　□5分 |
| 顾客对你的服务投诉很少 | □1分　□3分　□5分 |
| 对顾客的投诉能够及时合理地解决 | □1分　□3分　□5分 |
| 店面内布局合理，充分利用空间 | □1分　□3分　□5分 |
| 商品陈列有条理，重点突出 | □1分　□3分　□5分 |
| 滞销商品数量少，能及时发现和处理 | □1分　□3分　□5分 |
| 经常有促销活动，而且能取得预期效果 | □1分　□3分　□5分 |
| 店面内色彩协调，照明适宜 | □1分　□3分　□5分 |
| 店面有一批忠诚的顾客群 | □1分　□3分　□5分 |

➡ 如果你的得分在 60 分以上，恭喜你，你是一名优秀的营业人员，你的店面是一家成功的店面，请保持成果，再接再厉；

➡ 如果你的得分在 60～45 分之间，说明你具备了一定的职业素质，继续努力吧；

➡ 如果你的得分低于 45 分，要警惕，你亟需提高自己的职业素质。

如果你的得分很高，不要太骄傲，因为知识总是在不断地更新，翻开本书，也许会令你有惊奇的新发现；如果你的得分不高，也不要气馁，认真学习本书，它将为你的职业生涯翻开新的一页。

# 目　录

# 第 1 章

## 店面销售的意义与顾客心理

**本章重点**

店面销售的意义与机能

顾客的购物心理

# 店面销售的意义与机能

## 店面销售的意义

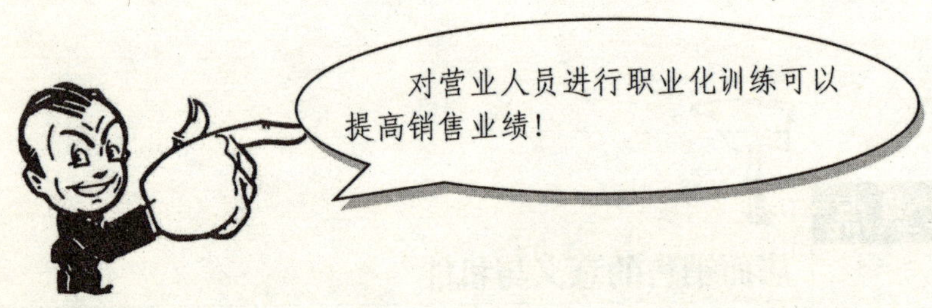


店面销售的目标是获得最大的销售业绩，对一般消费者所做的广告宣传及各种促销活动都是为了吸引更多顾客，搞好店面环境、维持店内秩序、注意待客礼貌等都能给顾客以好感，并且提高销售业绩。

店面营业人员的职业化训练非常重要，营业人员的职位虽然不高，却代表了店面的形象。他们从早晨开业到晚上打烊，所做的一切都代表了企业，代表了店面的形象。企业花费大量的人力、物力、财力，精心设计制订出来的各种经营决策和标准，最终都要在店面日常工作中体现出来。顾客们往往不知道一家商场的总经理是谁，但常常会认识那儿的营业人员，顾客与营业人员接触的次数多了，时间长了，跟营业员就会成为朋友。所以，成功的店面管理，不能忽视营业员的职业化训练。

## 自检

如何才能提高店面的销售业绩?

## 提高店面的销售机能

营业人员首先要做到的一件事，就是了解顾客的需求和顾客心理，然后根据顾客的需求和心理来设计店面的销售方式和手段。经营是工具，“工欲善其事，必先利其器”，只有事先提高了店面营业人员的销售技能，才有可能相应地获取高额的销售业绩。

**店面的销售技能：**

- **软件：** 包括组织、制度、作业流程、作业架、执行机制以及监督考核机制等
- **硬件：** 包括店面环境是否整洁、管理是否有秩序、海报张贴是否得当、商品摆放是否整齐美观而引人注目等
- **软件和硬件的结合：** 营业人员接待顾客的技术、对顾客讲话的礼貌等

### ◆ 商品陈列要丰富，能醒目地达到陈列的基本要求

一家便民店的商品种类大概是2,000～4,000种；一家个体商店商品种类大概是8,000～12,000种，并且随着季节变换而及时地有所调整，冬天卖围脖、手套，夏天卖游泳衣、防晒霜；而众多大型的众多超市，至少有20,000种以上的商品。只有具备了商品的丰富性才能让顾客有很多的选择。

**◎案例**

一位顾客想买可乐，走进一家商店，发现这家商店只卖一种品牌的可乐，这时顾客的感觉就不会很好。如果这家商店不仅有好几种品牌的可乐，而且有大小不同的包装，从1,000毫升到550毫升、355毫升，甚至于更小到120毫升都有，相应地也必然会使顾客的选择几率就比前一种情况要大得多了，紧跟着的是购买几率也就相应地提高。如果提高单品的销售金额，那么整家商店商品的销售金额也自然会随之提升。

所以店面商品陈列的丰富性是一个很重要的因素。但是要注意一点，库存量要适当，避免过分囤积货物，否则对资金的周转会造成很大的压力。

店面干净、陈列整洁也是一个基本要求。制服的端庄、清洁，营业人员对顾客讲话的态度是否都能做到和蔼可亲，让人信任，这些都是有关于店面营业人员的培训内容。

**◎案例**

在逢年过节前后，商场大量进货，营业员忙不过来，整个商场堆得简直就像一个仓库，商品没有做适当的分类，常常发现袜子跟饼干堆在一起，旁边甚至还摆了杀虫剂或蚊香。顾客一看通常会觉得非常恶心，至少也会感到

十分别扭，没耐心的可能早已扭头走了，耐心好一点儿的顾客也最多能忍耐一两次，第三次势必就会到更干净更整洁的其他商场去了，并且很可能从此再也不在此商场露面了，这样商场就失去了顾客。

### ◆ 不断地补充符合顾客需求的商品

市场上的商品种类非常多，如何找到最能适应顾客需求的商品，市场调查是一个有效的方法。例如在一个小区开连锁店，就要弄清楚这个小区到底需要什么类型、多少价位的商品。比如全国有上百种酱油，这个小区居民最喜欢哪一个牌子的酱油，哪种价位的酱油是该小区的居民最能接受的，这是一件很重要的事情，可以用市场调研的方法来解决。

### ◆ 售价合理并富有吸引力

价格的合理性也是一个很重要的因素。价格如何合理化呢？要实现价格合理化，就必须做到以下两点：（1）市场的参考价；（2）供货商提供的价格。任何商品的价格都有周期性，最新上市的商品，随着需求量的增加，价格会越来越高，当到达一个顶峰之后，就趋于缓和，逐渐下降。商品的售价如何，要看商品的周期性是处在上升阶段，还是处在下降阶段。

店面的利润是指扣除管销费用之后剩余的净利。像农副产品，包括蔬菜、水果、畜产品、肉类、海鲜类，一般的大超市平均利润在 22%～31%；而电脑等电子产品，大概在 10%之内。

### ◆ 利用最少的人员达到最佳的营业额

商场一般是早晨 8 点开门，晚上 10 点打烊，实行 14 个小时两班倒。一家店面要配置最佳人数，人员越多，开销也就越大。一家个体商店的工作人员在8个人左右为宜。大型的量贩超市，面积可达20,000平方米，甚至更大，就要用上300～500人。

此外，还存在兼职人员的问题，有些量贩超市以经营农副产品为主，生鲜商品处理量大，要求及时，并且工作集中在一段时间内，因此需要大量的兼职人员。而以日用百货、干货食品为主的超市，就不存在这样的问题，就不需要大量的兼职人员。

### ◆ 创造舒适的购物环境

舒适的购物环境能让顾客产生亲切感，有利于增加顾客的忠诚度。

**◎案例**

逢年过节时，百货商场非常热闹，然而空气却常常变得很污浊，因为有些商场为了节省电费，不开空调，又不重视和改善商场的通风条件。事实上，只要花少量必须花的电费，打开空调，让顾客即使在拥挤的环境下，也仍然能感受舒适的温度和清新的空气，顾客在此商场滞留的时间自然就会延长，购物的几率也相应地增大，商场的赢利会更多，比起节省出的一点儿空调通风费来说，差别不言而喻。

### ◆ 多做广告宣传吸引众多的顾客上门

不论是发的DM，或是墙上挂的POP，或是通过电视、报纸、宣传单等等，目的都是为了要吸引更多的顾客到店里来消费。

很多商场最喜欢做一种广告宣传：一家大的百货商厦，从楼顶部拉下很多各种颜色的布条，把商厦都包围了，只留下个门脸，实际上，很少会有人抬头去认真看上面写了些什么。做广告宣传活动，总是希望有人看，讲究广告宣传效果，而不是徒有其表地做一些没有实际效果的广告宣传。

## ◆ 营业人员应掌握商品知识

营业人员要正确掌握商品知识，熟悉商品的性能，有礼貌地对待顾客。商品知识很重要，如果营业人员自己都不知道商品怎么使用，又如何能向顾客解释清楚、做好销售呢？

### ◎案例

一位顾客在商场看到一种新型的香皂，香皂上边挂了一个长长的做成了十二生肖形状的毛线绒，非常小巧可爱。于是他就问营业员，这香皂是做什么用的，营业员不耐烦地回答说洗澡洗手用的，语气好像责备顾客怎么会提出这么愚蠢的问题。这时，旁边的另一位顾客却纠正了营业员的说法，说这种香皂不是用来洗澡和洗手，而是吊在浴室里，或挂在别的地方，利用水蒸气让香皂慢慢挥发，从而达到满室芬芳的效果。这样一来，先前那位顾客自然很不满意商场这位不懂装懂且服务态度又不耐烦的营业员，营业员对自己的服务态度也感到不好意思。

## 自检

从店面销售的角度来判断顾客的购买决策，下面哪些观点是正确的?

(1) 越容易得到便利的商品越好卖。

(2) 沟通不会影响销售额。

(3) 在比较价格时，实际上顾客只考虑购买价格是否便宜、合理，并不关心所购商品的使用价值。

(4) 制造商不必考虑消费者需要。

(见参考答案 1—2)

# 顾客的购物心理

## 顾客购物心理的八个阶段

社会环境和经济条件不断发展，顾客的购买需求也随之不断地变化。例如在 20 世纪 90 年代初，一般家庭的住房能有 70 平方米～90 平方米就感觉很不错了；而现在人们的要求提高了，尤其是购买商品房，一般都要求在 100 平方米左右，有的甚至多达 150 平方米～200 平方米。

尽管顾客的购买需求在不断变化，但其购物心理仍然可以分为 8 个阶段：

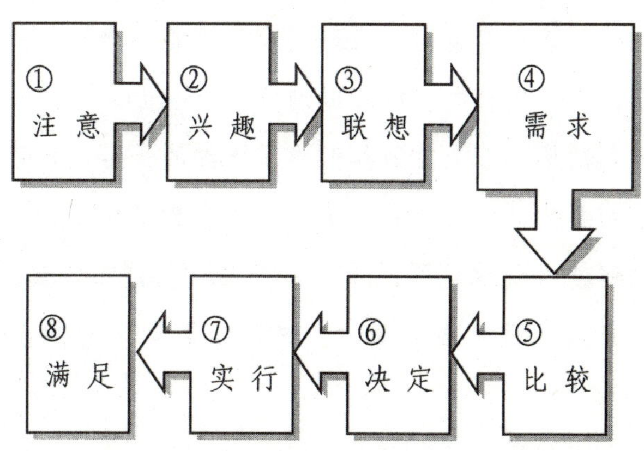


**图 1—1　顾客购物心理的 8 个阶段**

➡ 注意。吸引目光，注视观看，也可通过广告宣传、橱窗陈列、商品陈列等措施来达到目的。

➡ 兴趣。产生、引发兴趣，可通过广告宣传、橱窗陈列、商品陈列等措施来达到目的。

➡ 联想。购买时和购买后的联想，可通过广告宣传、橱窗陈列、商品陈列等措施来达到目的。

➡ 需求。想要拥有、购买，也可通过广告宣传、商品陈列和店员说明等措施来达到目的。

➡ 比较。与类似的同种商品比较，做出选择，可通过商品陈列、店员的接待和销售技巧等措施来达到目的。

➡ 决定。经过上述5个阶段的活动过程，顾客经过反复的酝酿和思考后最后决定购买。

➡ 实行。签订买卖契约和付款。

➡ 满足。顾客购买后的满意感。

**◎案例**

一家人或几个同事一起逛街，看到橱窗里摆着一台新款的电视机，大家看到后，就开始讨论，这台电视机可以浏览三个画面，不过不知道能不能接电脑，于是就进入商场，营业员为他们作了详细的介绍，大家觉得很好，这时有人就会产生购买的欲望，再看看价格，虽然高了一点儿，但是营业员针对顾客的这一心理就耐心地解释：这是新产品，功能多，还附带立体音响，虽然价格高了一点儿，还是很划算的。这时如果有人觉得合适，就可能会购买。

所以说顾客的心态是从注意、产生兴趣、询问、需求、直到花钱购买这样几个阶段变化的。

顾客的购买倾向：
- 购买“必要性”的商品
- 购买“感觉上占便宜”的商品
- 购买“安全性高”的商品

## 购买心态的转变

聪明的消费者不论在购物还是在使用金钱方面，都有新的消费心理。

### ◆ 购买“必要性”的商品

现代人购买商品比以前要理智，更趋向于购买必要的物品，以维持目前的生活或达到一定的生活水准，促使生活合理化，以避免浪费为准则。

**◎案例**

夏天到了，顾客要出门旅游，于是来到商场买旅行包。在顾客挑选旅行包的过程中，营业员可以向顾客了解一些与旅行有关的信息，如有多少人参加旅行，有没有小孩参加。因为顾客到商场买东西，基本上都有目的性，营业人员从攀谈中可以了解顾客究竟需要多大规格的旅行包，从而为其提供几种选择方案，这样交易成功的几率就会大大增加。

## ◆ 购买“感觉上占便宜”的商品

顾客一般都愿意购买物美价廉的商品。事实上，给顾客制造一种“便宜”的感觉，可以有效地刺激顾客的购买欲望。商场里经常利用广告、海报宣传，制造大规模的降价声势，目的就是让顾客觉得购买这里的大规模降价的所需商品，一定比买别的商场的这些商品更“占便宜”，从而产生了购买欲望。

## ◆ 购买“安全性高”的商品

在有条件的情况下，人们越来越倾向于购买品牌商品。原因在于：

➡ 价格虽然高，但保值；

➡ 品质好；

➡ 保修，售后服务好。

所以顾客宁可花钱多一点儿，也要追求商品的高安全性。

商店和商品的知名度、企业规模、经营态度等都是评价安全性的标准，尤其是在商品品质和性能方面，建立售后服务制度是保证安全性的前提条件。

特别是像药品、营养保健品等，需要营业员特别留意。保健食品、药品要注意保存的环境，无论保质期限的长短，营业人员每天上班时都要进行清查，及时发现过期的商品，一旦有了过期商品就应及时更换成新的未过期的商品，这也是对营业员的一个基本要求。

### ◎案例

一位顾客在商场里买了一种保健食品，回家打开一看，竟发现里面长满了绿毛，原来保健食品已经过了保质期。顾客自然会认为商场是故意欺骗，可能会回来要求退货，即使是因嫌麻烦不要求退货，他以后多半也不会再去这家商场买东西了。对商场而言，既损害了自己的名誉，又失去了一位顾客，更严重的后果是：由此毁掉了该商场在顾客心中曾树立起来的来之不易的高大企业形象。

## 本章小结

本章介绍了店面销售的意义与机能，清晰地指明了店面提高销售业绩的具体要求和措施，分析了顾客的购买心理及其变化。“工欲善其事，必先利其器”，要想获得店面销售的成功，必须做好各方面的准备，而营业人员的职业化训练是其中非常重要的一项。营业人员代表了店面的形象，是店面销售的直接执行者，对其进行职业化训练是提高店面销售业绩的重要保障。

## 心得体会

# 第 2 章

# 门店销售的态度与基本技术

本章重点

- 销售的目标是尽力追求销售利润
- 正确了解服务的意义
- 销售成功的“三意”
- 营业人员不可缺少的七项意识
- 掌握商品知识
- 销售商品的五条要领
- 销售过程的五个阶段
- 卖场销售的“4S”
- 服装仪容、基本动作与礼貌用语

## 销售的目标是尽力追求销售利润

销售的目标是要尽力追求销售利润。在世界各地，只要是企业都要追求销售利润这一目标。不能创造好的销售利润，就不是真正好的销售，营业人员要以追求销售利润为动力，最大限度地去获得销售利润。

---

## 正确了解服务的意义

这里所说的服务是指营业人员对顾客提供的服务要具有针对性。要提供完善的服务，需要进行系统的训练和认真规划。

### 礼节要周到

讲礼貌是营业员应具备的基本素质。有的营业员只顾自己聊天，对顾客不理不睬；有的营业员讲方言，顾客听不懂的话，感受自然很糟糕。还有一些比较高档的店面，有的营业员很势利，对一些外表寒酸的顾客的询问，表现得很不耐烦并生硬地回答说："这个东西很贵！"潜台词就是你买不起就别问。这些行为根本就忽略了基本的礼貌。事实上，顾客进了店，就是可能的消费者，营业员应该有礼貌地接待。

**◎案例**

一位同事要结婚，他的父母想送一辆汽车给他作为结婚礼物。于是他的父母就来到了一家汽车行，汽车行的营业员见两位老人在这儿转悠，肯定什么都不懂，就武断地认为他们肯定只是闲来无事地看看稀奇罢了，所以没有一个人肯上前接待。他的父母转了一圈也没人管理，虽然两位老人原打算在这家汽车行买车，现在也只好无奈地作罢了。来到第二家汽车行，这里的营业员想，反正这会儿没什么事，于是就热情地上前接待了两位老人，很快弄明白原来他们是要为儿子买车。营业员就极为重视地及时抓住这一难得的售车机会，大力推荐了几款合适的车型，结果两位老人当场就付清现款，买了一辆车。

两家不同的汽车行，两个不同的营业员，因为采取了两种截然不同的接待顾客的方式，最后导致了两种完全不同的销售结果。第一家因营业员无人肯上前接待顾客而放走了机会，第二家因为营业员主动热情地接待了顾客而成功地创造了利润，这是什么原因呢？主要与营业员的礼节周到与否、态度亲切与否有关。

## 专业和亲切的建议

在顾客挑选商品时，营业员应该主动热情地帮助顾客，提出专业的建议，毕竟顾客对有些商品没有营业员了解的多。比如购买汽车，车里要不要装ABS，空气缸的配备、音响等要什么牌子的，空调、油压器要不要装，座椅要不要换成皮椅等等，这些都是营业员为顾客提供的专业的建议，有助于顾客最后做出购买的决定。

## 提供有意义的信息

现在的顾客购物是理性型、智慧型的购物，不再是以前那种盲目冲动型的购物，尤其在买家电、汽车、房子等大件商品时，顾客希望知道商品的全套完备的信息，营业员更需要为他们提供有意义的信息。

## 完善的售后服务

建立完善的售后服务体制可以增强顾客的信赖度，提高商场或企业的市场竞争力。例如在20世纪90年代初，顾客买电脑大多选择兼容机，现在却更倾向于品牌机，就是因为品牌机有更好的售后服务。

## 舒适的购物环境

舒适的购物环境能有效地吸引并留住顾客。一个杂乱无章、卫生条件很差的购物环境，顾客是不愿意进来的。

**◎案例**

一家新开业的大型商场，面积达20,000平方米以上，环境很好，商品也齐全，然而在激烈的竞争中，销售业绩总是不尽如人意。经过调查和研究，商场配置了一批小型电动车，电动车的前面装有购物筐，老人和小孩能坐在车上选购商品，这样人们就节省了体力。此外，商场还在一定距离之间安置了座椅，顾客累了可以坐下来休息。这些表面看似很细小的关怀，却产生了很大的效果，商场的销售额得到很大的提高。

**自检**

商场可以通过哪些手段提供完善的服务？你有什么更好的建议？

______________________________

______________________________

（见参考答案2—1）

## 销售成功的“三意”

销售成功的三意是指有诚意、创意、热意。

➡ 只有对顾客有十分的诚意，销售成功的几率才会增加。

➡ 销售手段要有创意，创意可以扩大成果，使得工作更有成效。销售辅助工具是很重要的，比如海报摆放的位置是不是很醒目，海报的图案、文字是不是既新颖又特别吸引人，也可以借鉴别人有创意的广告。

➡ 热意，就是热情，依靠诚意和热情可以得到顾客的信赖。

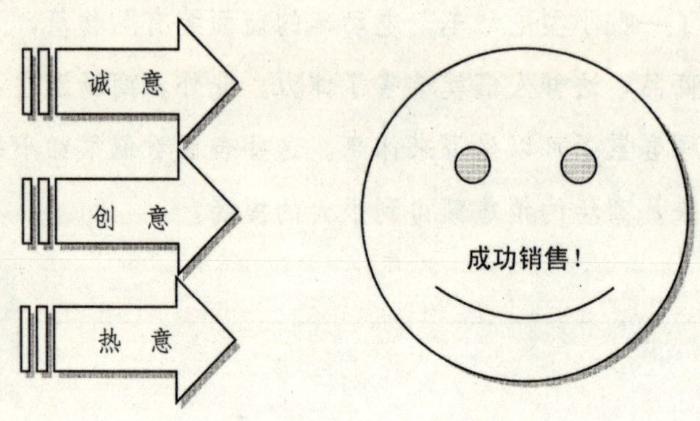


图2－1 销售成功的“三意”

## ◎案例

一位顾客想买洗衣机，市场上的洗衣机一种是从上面开口，另一种是侧面开口的。顾客也不知道这两种洗衣机究竟有什么区别，就询问营业员。营业员此时就应该积极热情地运用自己丰富的商品知识来表现热情和诚意，告诉顾客上面开口的洗衣机脱水效果好，但是相应地对衣服的损害也较大；侧面开口的洗衣机损伤衣服的几率很小，但是脱水效果却不如前者那么干净。营业员把这两种洗衣机各自的优缺点都详细地告诉了顾客，帮助顾客做出选择，顾客的信赖度肯定就增加了。如果营业员也不问清顾客对所需要的商品存有哪些疑问，只是一味地自卖自夸，顾客心里的疑问始终就无法解开了，结果反而不利于成交。

# 营业人员不可缺少的七项意识

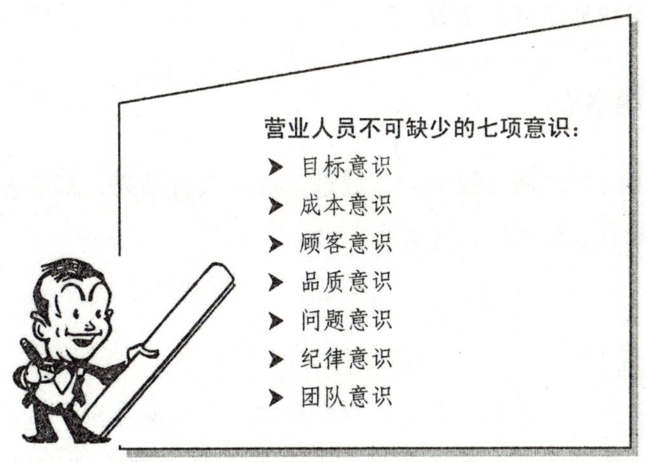


## ◆ 目标意识

不论是公司、小组，还是店面，每个月、每一周都要拟定一个目标营业额，然后向着此目标努力。

## ◆ 成本意识

如果不严格控制店面各个环节的损耗费用，即使提高了销售额，店面最终获得的利润也会很低，甚至亏损。可以说，节约成本、减少损耗不仅是提高销售业绩的有效途径，同样也是店面经营的主要目标。

## ◆ 顾客意识

要站在顾客的立场上看商品，而不是主观地只从销售人员的角度来看问题。

◆ **品质意识**

尤其是食品，从生鲜食品到保健食品、药品，不仅要有一定数量的储备，还必须保持其质量的完好。

◆ **问题意识**

一旦发生问题，从寻找原因、处理方法到改善结果，都应及时告知所有员工，防止类似不良事件再次发生。

**◎案例**

上海一家生产榨汁机的企业，所生产的榨汁机质量出了问题，它的塑料盒有微小的裂缝，这只有在显微镜下才能看出来，但是当刀片在高速旋转时，裂缝会逐渐地扩大。这家企业已经销售了4,600多台有问题的榨汁机，厂家发现问题后，通过消费者协会发布新闻，回收不合格的产品，顾客可以选择退货或者换新。

这家企业对待问题采取积极的应对措施，得到了众多消费者的赞赏，同时也提高了企业的信誉。

◆ **纪律意识**

每个行业都有行业规则，每个岗位也同样都有岗位纪律，每一位营业人员都要严格地遵守纪律。

◆ **团队意识**

销售店面是一支团队，店面的整体环境是靠团队来营造的，要注重店面的团队纪律。

## 自检

针对团队凝聚力的种种表现进行判断，看看在你的店面里，哪些方面还需要加强？

| | |
|---|---|
| 团队间的沟通渠道比较畅通、信息交流频繁 | 是□　否□ |
| 团队成员的参与意识较强，人际关系和谐 | 是□　否□ |
| 团队成员有强烈的归属感，跳槽的现象较少 | 是□　否□ |
| 团队成员之间彼此关心，互相尊重 | 是□　否□ |
| 团队成员有较强的事业心和责任感，愿意承担团队任务，集体主义精神盛行 | 是□　否□ |
| 团队为成员的成长与发展、自我价值的实现提供了便利的条件 | 是□　否□ |

# 掌握商品知识

营业人员要注意学习掌握商品知识，营业人员应该对商品的使用方法、基本功能、所用材质、注意事项等因素都有全面详细的了解，只有这样才能全面正确地回答顾客的询问，并成功地把握商品成交的机会。

因为商品种类非常多，而且不断地在变化，所以要以不同的方式来学习不同的知识。处理商品的方式也很多，随着商品种类的不同，学习的方法要经常变换，而且要有创新意识。

◎**案例**

商场第一天用保鲜膜做好排骨肉盘，贴上标签，放在冰柜里卖，没有卖完，剩下的扔掉太可惜了，这时可以在肉里加上酱油或其他的调料，把它做成腌制品。家庭主妇买了回家炸一下就可以吃了，而且腌制品保存时间长，这样就恰当地处理了商品，避免了浪费。

## 销售商品的五条要领

销售商品的五条要领：

- 选择个别商品的销售
- 用具体说明的方法
- 研究销售辅助工具的种类和使用方法
- 创新商品展示的方法
- 使用语言、销售工具和展示陈列方式的结合



### 选择个别商品的销售

每个商品特性都不一样，针对不同商品，对不同层次的顾客应有各自不同的相应的销售方法。比如电脑销售，有的顾客要求大容量，有的则要求高速度，还有的只要一般的操作就可以了，营业员要根据顾客的不同需要来分

别销售。

## 用具体说明的方法

在为顾客解说时，尽量地多用顾客容易听懂并理解的形象、具体的语言，避免用顾客不易听懂的那些专业术语和抽象的用语。

**◎案例**

一位顾客想买数码相机，营业员介绍说这台数码相机有几百万像素，但是对顾客来说，像素的概念太抽象，营业员即使解释了半天，顾客也不一定理解，顾客想知道的是这台照相机拍摄出来的相片究竟清不清晰。如果营业员介绍的是像素分别为560万和260万的照相机拍摄的效果如何不一样，顾客就很清楚了，这就是具体的销售方法。

## 研究销售辅助工具的种类和使用方法

现在销售辅助工具的种类相当多，常用的有宣传单、海报、报纸，还有现场行路销售、网络销售等等。要对各种工具进行分析，如它们各自的特性是什么，有什么优缺点，如何使用，如何最大限度地利用。

## 创新商品展示的方法

展示商品的方法各种各样，目的都是为了吸引顾客的注意，把商品成功地推荐给顾客。当然，有创意的展示方法往往能取得更大的效果。

◎**案例**

现在有各种各样的汽车展，有的汽车展是选一个大型的场地，汽车摆放在里面，打着灯光，放着音乐，旁边还有穿着泳装的美女摆着各种迷人的姿势；有的把汽车展办成汽车试用会，谁都可以试用，亲身感受一下汽车的魅力；有的用吊车把新车悬在空中，吸引消费者的注意，也便于观看；还有的在现场把车启动后往墙壁上撞，撞墙后的车及驾驶员均神奇地安然无恙，以此来显示汽车的安全性。

## 使用语言、销售辅助工具和展示陈列方式的结合

·通过这些结合，能卓有成效地使销售人性化，提高销售水平。

◎**案例**

一位顾客看见一件蓝色衣服，觉得适合于夏天穿，于是产生了兴趣，想试穿在身上看好不好看。营业员可以请顾客试穿，看看效果如何，试穿以后感觉很不错，顾客就会产生购买欲望。但是又看见旁边那件黄色的也不错，心里比较犹豫，这时营业员可以帮助参考，提出夏天还是穿蓝的比较凉爽，到秋天再改穿黄色的，顾客听了，心里就会觉得营业员挺热情的，于是下决心购买，这样就达到销售了效果。

# 销售过程的五个阶段

图 2－2 销售过程的五个阶段

➡ 待机。顾客过来了，营业员察言观色，发现顾客对某一商品产生了兴趣，成交的机会也随之而出现了。

➡ 接近。营业员走过去跟顾客打招呼，说声早上好或下午好，询问有什么可以为顾客做的。

➡ 说明商品。营业员应该熟练地运用丰富的商品知识来详细地讲明商品的性能、功效、优缺点，以便帮助顾客做出选择。

➡ 建议说服。营业员为顾客提出合理的建议，把握住顾客心理，抓住时机说服顾客来购买商品。

➡ 成交。顾客表示满意，掏钱购买，销售成功。

## 卖场销售的"4S"

所谓"4S"，是指速度（Speed）、精明（Smart）、微笑（Smile）、诚实（Sincerity）。现代社会是商品极为丰富的社会，在任何卖场都可能买到顾客想要的商品，而顾客都愿意到商品种类丰富、档次齐全、购物环境舒适、服务热情周到、处处令人愉快满意的商场去购物，所以销售人员只有确实执行了"4S"，使顾客感到愉快满意，才能获得顾客的支持。

**图2—3 卖场销售的"4S"**

## 自检

回想某一时期你成功地提高了销售业绩的经历，把这一经历简要叙述如下。

(1) 在此期间，你用了“4S”中的哪一方面？你是如何做到的？

- 微笑（Smile）
- 速度（Speed）
- 精明（Smart）
- 诚实（Sincerity）

(2) 你能否总结出“4S”与提高业绩之间有什么联系？

# 服装仪容、基本动作与礼貌用语

## 服装仪容要端庄

营业员的制服要求整齐一致，并且保持干净、整洁，特别是餐厅，服务员身上若沾满汤水，顾客会相应地认为这个餐厅的卫生条件不好。

营业员精神面貌也很重要，有时因工作时间比较长，特别是快要下班时，一些营业员表现得很散漫，这种怠惰的态度会影响到商场的形象。越是好的营业环境，越是端庄的营业员，相对来说顾客层次也就相应地越高。

任何工作岗位都适用的准则：

- 清洁
- 配合店面营业原则和顾客层次
- 行动方便、容易工作

## 勤练基本动作

营业员的一举一动都会给顾客留下深刻的印象，适宜的动作会给顾客留下好印象，营业员的随便的动作很容易给顾客留下坏印象。比如递商品时的动作，营业员把商品包装好了往前一推，或用手随便一指，甚至随意地把商品往顾客面前的柜台上一扔，这些都是对顾客不礼貌的行为；正确的动作应该是双手拿好，正面递给顾客。

营业员的基本动作，是指“站姿端正”、“走姿端正”、“行礼姿势端正”，只要认真执行，卖场就会有纪律的节奏感，就会赢得顾客的信任。

## 使用礼貌用语

使用礼貌用语，是表示对顾客的尊敬，也是营业人员素质的表现。有礼貌的态度也是“诚意”的表现形式。

营业员的基本用语：

- 欢迎光临
- 是，我知道了
- 很抱歉
- 请稍候
- 让您久等了
- 谢谢您
- 谢谢光临、欢迎再来

## 本章小结

本章介绍了店面的销售目标以及怎样才能实现这一目标——获得最大限度的销售利润；提出了卖场营业人员应具备的素质，从心理意识、商品知识、销售过程、待客礼仪、服装仪容、基本动作、礼貌用语等各方面都作了系统的讲解，并介绍了商场销售的“4S”、销售过程的五条要领和五个阶段。通过对营业人员进行有针对性的系统培训，可以卓有成效地改善店面的整体面貌，提高工作效率，增加店面的销售业绩。

## 心得体会

______________________________

______________________________

______________________________

______________________________

______________________________

# 第3章

# 店面销售技术实务（一）

**本章重点**

- 晨会是一天的良好开始
- 营业前充分准备
- 接近顾客的七个时机
- 运用说话艺术充分掌握顾客心理
- 成功地展示商品
- 善用赞美的六项原则
- 正确回答顾客询问
- 判断顾客的购买特性，把握销售机会

# 晨会是一天的良好开始

为晨会设定三种目标：

- 销售额目标与销售计划
- 提高销售技术目标
- 促进团队与个人成长目标

## 晨会的目的和重要性

好的开始是成功的一半，应重视一天的开始，以晨会设定目标为出发点。无论是连锁店还是大型卖场或超市，每天早晨上班前营业员开晨会是非常有意义的事情。

晨会基本上设定了三个目标：

### ◆ 提高工作意愿

经过一天的轮换，有的营业员也许刚刚休完假，在工作上需要有一个衔接、调整的过程，通过晨会可以把店面的士气提起来。

### ◆ 整顿工作内容

让营业人员知道当天要做什么事情，或有什么促销活动、注意事项，同样，使营业员有机会通过晨会把工作中将要出现的问题反映给主管。

◆ **自我确立目标**

这一层次比较高，店面可以有当天的销售目标，营业员也可以确立个人的工作目标。

晨会是整个企业的会议管理系统中的一个重要环节。

## 自检

在你的店面里，有开晨会的惯例吗？你认为晨会对你当天的工作有什么作用？说说还有哪些可以提高的地方？

✍ ______________________________

______________________________

______________________________

## 会议管理系统在企业与店面管理中不可缺少

会议管理系统在企业与店面管理中发挥着重要作用。商业环境中有月会、周会、例会，有商品会议、营销会议、财务会议，还有联合会议等等。会议这么多，很容易陷入会议的怪圈，为了避免陷入会议的怪圈，就必须建立高效的会议管理系统，同时企业的员工和管理者也应积极主动地提高自身的会议管理技巧。

## 营业前充分准备

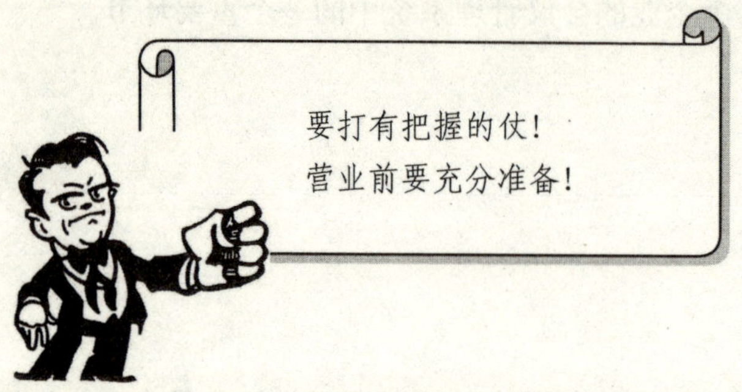


营业前的准备非常重要，要打有准备的仗。在营业前要检查货品是否齐全，店面是否整洁，销售辅助工具是否摆放妥当。比如，促销的广告招牌位置对不对，是否醒目而又稳固，悬吊的高度和地点是否合适，商品目录有没有污损。此外，当天有什么活动等等，这些都需要做好充分准备。

事前多准备，可以有效地尽量避免销售中发生问题。

## 接近顾客的七个时机

营业员接近顾客时态度的好坏，往往决定着顾客购买与否。营业员要有技巧地接近顾客，一般说来有七个时机。

接近顾客的七个时机：

- 顾客凝视或用手触摸商品时
- 顾客寻找商品时
- 与顾客视线相对时
- 顾客与同伴商讨时
- 顾客放下手中物品时
- 顾客探头观看商品时

◎**案例**

几位女士看到橱窗里摆设的衣服，进入店里用手摸一摸布料，感觉质量如何，这时营业员就要注意了，可以用迂回的方式慢慢接近；当顾客左顾右盼，与其他商品做比较，视线与营业员的视线相对时，营业员就应不失时机地迂回着上前问，小姐或是太太，有什么需要帮忙的吗？顾客可能会跟同伴商量，这件衣服是否适合宴会穿，这时营业员也可以找个机会介入，和顾客一起进行讨论，如果穿着这件衣服参加朋友婚礼，一定亮丽，只有这样才能主动达到销售目的。

# 运用说话艺术充分掌握顾客心理

在营业场所，要讲究说话艺术，同样的一个意思，用不同的表达方式，会产生完全不同的效果。营业员在接待顾客时，要注意以下七项原则：

➡ 不要使用否定的语气，而要用肯定的语气说话。

➡ 不要用命令的方式，而要用请求的方式。比如说请你如何，麻烦你怎么样。

➡ 要用恳切的语气，用诚意的方式来做结语。

➡ 如果顾客的要求超出服务范围，要先说对不起，再解释原因。

➡ 不要用武断的方式，即使有的顾客是成心为难，营业员也不能武断地说："你这样不行。"最后和顾客争个面红耳赤。

➡ 视为自己的责任来说话。营业员对所销售的商品要负责任地说话，给顾客满足感和信任感。

➡ 多赞美顾客。比如卖服装或化妆品，不妨赞美顾客穿的衣服漂亮、气质好等等，赞美的话顾客自然愿意听，这有利于营业员与顾客建立亲切的关系。

---

# 成功地展示商品

## 成功展示商品的三个原则

展示商品及其说明书是为了吸引顾客的注意，增加顾客的兴趣，而且为顾客提供详细的商品信息。成功展示商品有三个原则：

➡ 事前做好充分准备；

➡ 细微部分用手指，较大部分用手掌；

➡ 确认顾客的视线。

## 从不同角度来刺激顾客的感官

顾客认知商品是靠视觉、听觉、嗅觉、味觉、触觉等各种不同的器官，从不同角度来刺激顾客的感官，有利于顾客产生购买欲望。比如服装挂出来，让顾客能触摸或试穿，这是视觉和触觉；食品让顾客试吃，这是味觉；商场里放着优美的音乐，这是听觉。这些都是常用的促销手段，可以单独使用，也可以组合起来使用。

**◎案例**

大型超市里一般都设有面包坊，不仅利润很可观，而且可以带动其他商品的销售。因为每次面包一出炉，整个店面里乃至整个超市都飘着面包香，顾客从旁边走过，不仅会产生买面包的欲望，而且由于面包香营造了一个很温馨的气氛，再加上美妙的音乐、热情的营业员，可使顾客感到心情轻松、愉快。这就是在店面里塑造情景。

### 自检

如果你是一家超市百货部的负责人，元旦节快到了，你要组织一次促销活动，你打算怎么做？

## 善用赞美的六项原则

赞美顾客往往能获得顾客的好感，善于运用赞美，可使效果倍增，能使销售业绩有效地提高。但是赞美也是有方法的，如果太过于牵强就容易变成奉承，最后反而弄巧成拙，让顾客生疑。

善用赞美的六项原则：

- 努力发现优点
- 赞美事实
- 使用自然不夸张的语言
- 使用具体的方法
- 把握赞美的机会
- 在交谈中赞美对方

### 自检

请完成以下连线题。

（1）使用具体的方法
（2）在交谈中赞美对方
（3）把握赞美的机会
（4）努力发现优点

A. 女士从试衣间出来，营业员迎上去夸奖她这身衣服多么端庄美丽
B. 卖瓜的小伙子把瓜切开，摆在那儿，瓤红皮薄，一目了然
C. 卖电脑的营业员夸奖顾客玩游戏的水平高
D. 营业员了解到顾客的职业，夸奖顾客学历高、气质好

**（见参考答案3—1）**

# 正确回答顾客询问

能巧妙地掌握顾客的需求才能有针对性地与其交谈，成功地实现销售。从顾客的询问中，可以掌握顾客的需求信息。

## 询问技术的五项原则

顾客来自四面八方，有的使用方言，有的讲外语，有的夸夸其谈，有的不爱说话，营业员如何通过询问来充分掌握所要的信息呢？询问也有技巧和原则。

- 不连续询问；
- 一边回答，一边做商品说明；

- 先做简单的回答，再进行较难的询问；
- 促进顾客的购买欲望；
- 尽量让顾客多开口说话。

◎案例

夏天时，顾客要买防晒品，问营业员防晒霜的防晒指数是多少。防晒指数有15、20、30，还有40的，营业员应该介绍说防晒指数越大，防晒能力也越高，顾客一听，就明白了。营业员不再连续作答，而是让顾客去做选择。如果顾客仍不能决定，营业员可以再接着问他是在户外使用呢，还是爬山郊游或海边使用，如果在海边使用，那就建议选防晒系数20以上的。顾客自然就会感觉，这位营业员有专业水平，值得信赖。

从不连续的答问，到反问，把商品的性能、功效、优点等各方面的简要内容说清楚，推销出去，这是成功的营业员所应具备的能力。

## 对顾客的询问预先做好准备

无法回答顾客询问，就不是销售高手。顾客有所问，商谈才是真正的开始，这也是销售成功的机会。要想把握住机会，需要营业员有充足的准备。

- 具备丰富的商品知识；
- 预先把顾客可能需要的问题和答案准备好，反复训练；
- 注意收集资料，积累经验。

◎案例

顾客想买一台电视机，电视机屏幕的尺寸从二十几寸、三十几寸到五十几寸都有。这位顾客觉得大屏幕电视好，他就问营业员52寸的大屏幕电视的收看效果怎么样，这时营业员就要为顾客提出建议。营业员回答的最佳方式应是：先反问顾客预备使用电视机的空间有多大，告诉顾客52寸的电视要在5米以外看，画面品质才最佳，如果顾客的家不够宽敞，挑选三十几寸的电视机来收看更合适。这样的回答既能做成交易，又让顾客觉得很贴心，如果营业员光图省事地也随着顾客说大屏幕电视机好啊，敷衍了事，其结果势必会造成顾客的不满。

## 判断顾客的购买特性，把握销售机会

有的顾客进商场只是顺路进来随意逛逛，本来不打算买什么东西；有的顾客有购买欲望，却没有明确的目标；有的顾客是早有打算，直奔目标。如何准确地去观察、判断顾客的购买特性，对营业员来说是一项重要的训练。

有经验的营业员从顾客的眼神、举止、行为就能熟练地判断出顾客大概的购物特性。当顾客表现得犹豫不决时，往往意味着有购买欲望，营业员此时若能及时恰当地推动一把，就能促进销售。所以正确判断顾客的购买特性，把握住销售机会，是营业人员应掌握的一种必须具备的技巧。

## 本章小结

本章介绍了店面销售的一些技术实务，包括每天的晨会、营业前的准备、如何成功地展示商品、营业员如何接近顾客、运用说话艺术来掌握顾客心理、如何赞美顾客、正确回答顾客询问、判断顾客的购买特性、把握销售机会等内容。这些理论必须与实际情况相结合，在实践中体会和运用。营业人员需要在工作中有意识地运用这些技术实务，勤加训练，积累经验，这样才能真正提高销售能力并在现代社会的激烈竞争中取胜。

## 心得体会

# 第 4 章

# 店面销售技术实务（二）

**本章重点**

- 促进顾客的购买意愿
- 接收货款的态度和方法
- 商品的包装
- 对于赶时间的顾客的应对方法
- 致力于相关商品的销售
- 不同顾客的应对方法
- 防止偷窃
- 处理好顾客投诉

# 促进顾客的购买意愿

促销是指通过在卖场运用各种广告媒体来开展各种活动、向顾客传递有关的商品服务信息、激发顾客的购买意愿、促进顾客购买的行动。这里讲的促销主要是强调营业员运用销售技巧、为顾客介绍商品、促使顾客产生购买意愿。

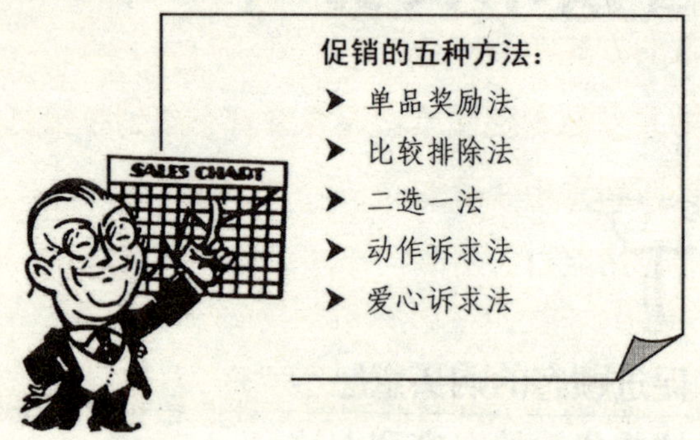


## ◎案例 1

一家人逛商场，父母在一边挑选物品，他们的小孩高兴地跑到一个柜台旁，看到米老鼠和唐老鸭的衣服很喜欢，留恋地赖在那儿不愿离开，营业员就把衣服取下来，穿在小孩身上，小孩很高兴。孩子如果喜欢，父母自然也就满意，于是买下了这件童装，这就是爱心诉求法。对象是小孩，但是掏钱的肯定是父母。

## ◎案例 2

夏天到了，顾客来买空调，面对众多型号的产品不知如何选择，营业员先要问顾客是要既能制冷又能制热的，还是只制冷不制热的，按这个条件排除其中不要的部分。然后再了解顾客住在几楼，住房空间有多大多高，根据这些来决定是买一托二，还是一对一。接下来再比价钱、安装、售后服务、质量，最后选出最满意的产品。这就是比较排除法，二选一法跟比较排除法有些类似。

# 接收货款的态度和方法

## 接收货款的方式

要怀着感激的心态，以正确的态度接收顾客的货款。

卖场接收货款的方式一般有：

➡ 百货商场大多是专柜性质，顾客拿着小票到收银员处结账，打出发票，拿着收据条再回到专柜领取商品；

➡ 超市一般设结账口，每隔一段距离设一台收银机，顾客推着购物车排队结账；

➡ 商业机器，也就是人配合收银机，在收银柜台不断地反复操作。

## 收银员的作业流程

收银员服务的态度和质量是卖场形象和管理水平的直接体现，关系重大。

收银员的作业流程：

- 欢迎顾客光临
- 登打收银机，读出每件商品的金额
- 报出商品金额总数
- 收取顾客的货款，当面确认
- 给顾客找零钱并致谢

有些商场设立了奖励机制，如果收银员一天的结账额超过了一定值，就奖给收银员奖金。这样就能很有成效地激励收银员提高结账速度，从而提高销售额。

**◎案例**

从一些细节也能看出店面的服务质量，比如顾客结完账以后，怎样递给顾客商品。一种是在结账时，收银员给顾客一个塑料袋，让顾客自己动手把所买的商品放进去带走；另一种是顾客结完账后，营业员已经把商品装好，当场奉上。不一样的方式和服务，顾客肯定会有不一样的感受。

---

## 商品的包装

商品的包装恰似商场的商标，优美的包装能让顾客觉得商场的层次高，提着带有店名或商品名的包装袋也是一种广告，顾客拎着美丽或精致的包装袋，既能有一种满足感，同时又为商场作了免费宣传。

### 商品包装有五个作用

➡ 使顾客获得满足感。特别是有名的商场或高档的商品，顾客愿意把它的包装袋多次使用。

➡ 便于顾客携带。对众多零散的商品而言，包装给顾客提供了极大的方便。

➡ 保护商品。比如衬衫用盒子装着，免得折皱了；而电脑也要用塑料泡沫包起来装在盒子里，以免不小心碰坏了。

➡ 区别未出售的商品。已售商品包装后很容易与未售商品区别开，既可避免弄混淆，还可以防止有的顾客存心偷窃。

➡ 广告宣传。这种宣传方式面对的对象范围广，既可以是顾客的朋友、同事，也可以是路上的行人。

### 不同的商品有不同的包装方式

➡ 巧克力有各种各样的形状，圆球形、长方形、心形、不规则形等等，包装就要随着商品的形状而变。

➡ 手机的包装盒里有一个凹陷的地方，专门用来把手机卡住，以避免震荡损坏手机。

➡ 工艺礼品一般都用彩色玻璃纸和蝴蝶花结进行包装，漂亮的包装能获得顾客的亲近感。

---

## 对于赶时间的顾客的应对方法

现代社会的生活节奏越来越快，赶时间的顾客自然也越来越多，有的顾客一进门就嚷嚷着快快快。其实，有时顾客并不是真的很急，只是商业社会所造成的一种急迫感，所以他一边打手机，一边催促着营业员。

营业员不仅要认真接待这样的顾客，而且还应适当地把商品销售出去。

➡ 拉拢顾客的同伴。如果顾客结伴而来，要先留住顾客的同伴，给他提供多样的选择和新鲜的商品信息，激发他的兴趣。

➡ 抓住女士的心理。据统计，女士花在购物上的时间至少比男士多4

倍，而且女士购物的目的性不明确，所以只要抓住了女士的心理，就等于成功地留下了顾客。

➡ 不要忽视孩童。如果顾客带着小孩，可以先和小孩拉拢关系，问问他多大，在哪儿上学，能够把孩子稳住，基本上大人就不太赶时间了。

➡ 迅速处理。对于真正需要赶时间的顾客，要配合顾客，提供迅速准确的服务。

## 自检

根据以下事例，分析营业员的行为哪些是对的，哪些是错的，为什么？错的应怎样改正呢？

（1）一位顾客急匆匆地来到一个柜台前，要买一件衬衫，营业员正好在核对销售记录，头也不抬地让顾客自己去挑选，过了一会儿，营业员再去看顾客，顾客早就走了。

（2）父亲带着孩子经过一个卖玩具的柜台，孩子要去看玩具，父亲说："不行啊，妈妈在家等我们回去吃饭呢。"营业员迎上来，没有挽留父亲，而是亲切的问小孩是喜欢米老鼠还是唐老鸭，或是喜欢汽车和手枪？小孩兴致勃勃地说他最喜欢机器人，最后父亲只好停下来，为小孩买了一个机器人。

（见参考答案 4—1）

## 致力于相关商品的销售

顾客购买某一件商品后，营业员可以适时地推荐相关商品。现代社会的商品非常丰富，不仅相同系列商品之间紧密关联，不同系列之间也越来越相互联系着。营业员要有意识地在一次销售完成之时，再接再厉地致力于相关商品的销售，这样既能表现出对顾客的体贴，又能提高销售额。

**◎案例1**

顾客来购买网球拍，选购了某一款式的球拍后，营业员就可以问顾客需要什么牌子的、多少数量的网球，这是最直接的相关商品。间接一点儿的，营业员还可以推荐网球服、运动鞋、护腕以及运动包等等。

**◎案例2**

女士去买化妆品，原本只打算买一支口红，但是营业员为她介绍了今年流行的彩妆，建议她挑选嫩粉色的口红，而与这个口红配套使用的还有嫩粉色的眼影、胭脂、睫毛膏等等。此外，这个嫩粉的颜色需要白皙的皮肤来陪衬，所以营业员又推荐顾客使用某一品牌的美白护肤品，这样就成功地进行了一次相关商品的销售。

---

## 不同顾客的应对方法

顾客的来源广泛，层次不同，表现的行为相应地也各异，对不同的顾客应采用不同的应对方法。一般来说，顾客可分为 12 种类型，每种类型都有相应的接待方式。

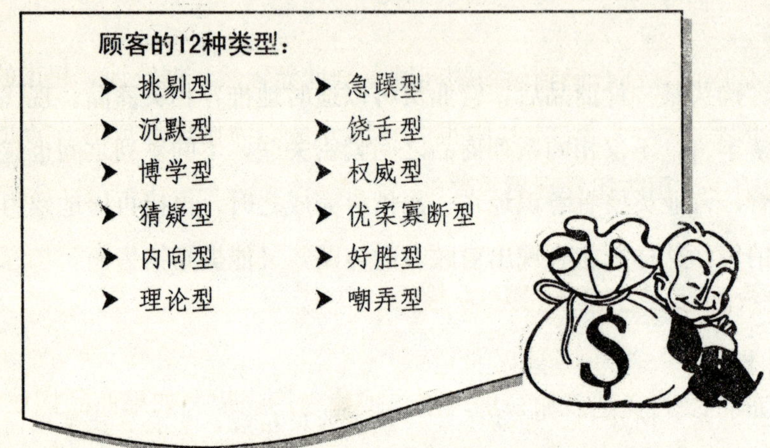

顾客的12种类型：

- 挑剔型
- 沉默型
- 博学型
- 猜疑型
- 内向型
- 理论型
- 急躁型
- 饶舌型
- 权威型
- 优柔寡断型
- 好胜型
- 嘲弄型

**◎案例**

一些年轻人买电脑，进了销售店就埋着头看东西，要买什么他心中早就有主意，不需要营业员再做介绍，自己挑选最合适，这种顾客属于沉默型的，营业员就应该让他自己去挑选。

有的女士买衣服，觉得这件也好，那件也不差，换来换去的总是拿不定主意，这是优柔寡断型的，这就需要营业员及时地上前帮助她参考。

有的顾客买东西，拉着营业员说上半天话，什么都要打听，这是饶舌型的，营业员既要有耐心倾听，又要适时打断，避免因他的饶舌而耽误太长的宝贵时间。

有的顾客对某种商品很精通，完全能给营业员上课，这是权威型的，营业员可以虚心地倾听，还能增长自己的知识。

挑剔型的顾客总是批评商品不好，抱怨着说哪儿有更好的、更便宜的，对此营业员切记不必同顾客争论，买与不买顺其自然。

# 防止偷窃

凡是店面，都会遇到偷窃的问题，全世界皆然。据统计，超市的盘点损失率一般是2‰～2.5‰，其中很大一部分是因为偷窃造成的。防止偷窃要以预防为主，预防比发现更重要。

## 容易发生偷窃的环境

店面里要避免造就偷窃的环境，或偷窃的诱因。如果商品摆放不恰当，或人员安排得不合理，相应地就容易刺激偷窃行为的发生。

◎**案例**

一家超市的小包装巧克力总是遭到偷窃，经过反复考察之后，超市把小包装的巧克力和大包装的巧克力交换了摆放位置，问题终于得到了有效的解决。原来小包装的巧克力以前一直摆在货架的下层，手一抓，就能很容易地放到口袋里了，现在改为摆在货架的上层，需要伸长手去拿，这样的一种大动作势必会引人注目，所以偷窃的人自然地就少了。

### 自检

阅读下列案例后回答问题。

有两家超市，都受到偷窃的困扰，它们分别采取了不同的措施：第一家超市安装了监视系统，发现偷窃行为后实行偷一罚十；第二家超市致力于建立透明的购物环境，减少偷窃动机的产生。一段时间后，两家超市的失窃状况都得到了控制，然而第二家超市的营业额却总是高于第一家，你能通过分析这两家超市的措施，找出原因吗？

✍________________________________________

________________________________________

________________________________________

（见参考答案 4—2）

## 小偷的特征

有经验的营业员能通过对某些人的察言观色和发现其行为上异于常人的可疑之处而判断出这些人的偷窃动机，从而对这种人多加注意，这样可以有效防止偷窃行为的发生。

小偷在偷窃前一般有几种表现：

➡ 经常东张西望。

➡ 不自然地拿着大袋子。

➡ 两人以上结伙入店，一位与营业员接触，故意问东问西地缠住营业员不放，另一位则在店内鬼头鬼脑、神色失常地随处走动。

➡ 将背包放在商品架上。

➡ 从外表上看去似乎对商品毫无兴趣、漠不关心，却在店内来回踱步，尤其是在一些价钱较高的贵重商品的柜台附近来回踱步而舍不得离去。

# 处理好顾客投诉

店面在营业中，不可避免地会遇到顾客对商品或服务不满、提出投诉的情况。对顾客的投诉，如果处理得好，则能很快地化解矛盾，做到既能维护商场信誉又能维护顾客的正当利益；反之，则往往会成为店面经营的危机。

## 处理顾客投诉的六个步骤

店面的任何人员都应认真地对待顾客的投诉意见，其处理的步骤一般是：

➡ 认真倾听。顾客前来投诉时，情绪通常都比较激动，接待人员应认真倾听，让顾客先发泄完不满的情绪。

➡ 表示同情心。站在顾客的立场来回答，即扮演顾客的支持者角色。

➡ 诚心诚意地向前来投诉的顾客表示歉意。不论责任是否属于卖场，接待人员都应诚心诚意地向顾客道歉，并感谢他提出问题。这正是顾客衡量自己是否受到尊重的重要因素。

➡ 提出解决方案。确定责任归属，如果责任在店面，店面负责解决；如果责任在厂家，店面应负责联络、协助解决；如果责任确实在顾客，店面也要做出令顾客信服的解释。

➡ 执行解决方案。当双方都同意解决方案后，要对此方案认真地严格贯彻执行。空口的承诺或是拖延不办，都是对店面信誉的损害。

➡ 检讨。对顾客的每次投诉，都要认真地做好记录，定期检查，从而找出原因，不断改进。

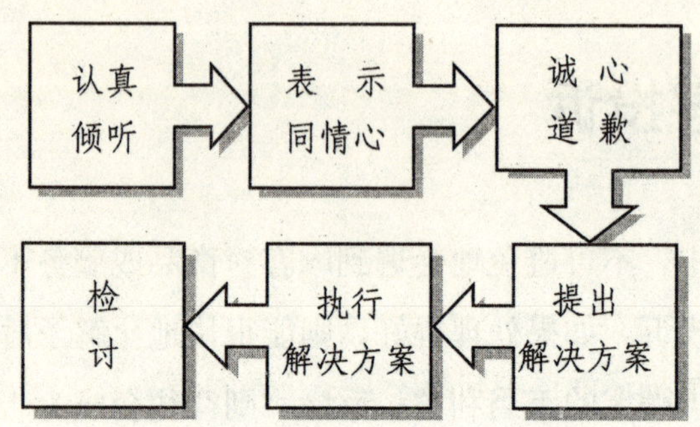


图 4－1 处理顾客投诉的六个步骤

## 对待僵局的三种变通方法

如果投诉处理陷入了僵局，或顾客不同意店面提出的解决方案，这时需要和顾客做耐心的沟通。在必要时，可以采取变通方法：

➡ 请第三者从中周旋。比如请消费者协会或者其他人从中协调。

➡ 改变交涉场所。尽量避免在店面里或者服务台前双方争得面红耳赤，引起群众围观，这对于店面的经营、营业员，以至其他顾客都会造成不好的影响。

➡ 改变商谈时间。换一个时间能换一种气氛，在此期间，顾客的情绪也能渐渐平息，有利于达成一致。

## 自检

请在以下的描述话语中判断哪些是正确的表达。

(1) 我们一直是这么做的，别人都没有意见。 （ ）

(2) 这就是最佳解决方案。 （ ）

(3) 对不起，这是厂家的责任，不过我们会帮你联系厂家解决问题的。 （ ）

(4) 这是我们提供的解决方法，你还有什么建议吗? （ ）

**(见参考答案4—3)**

## 本章小结

本章继续介绍了店面销售的一些技术实务，包括如何促进顾客的购买意愿、接受货款的态度和方法、商品的包装、如何应对赶时间的顾客、怎样加强相关商品的销售、不同顾客的应对方法、如何防止偷窃的发生、怎样处理顾客投诉等方面。同样要强调的是，这些技术实务必须与实际情况相结合，在实践中体会和运用。营业人员需要在工作中有意识地运用这些技术实务，勤加训练，积累经验，只有这样才能真正提高销售能力、并在现代社会激烈的竞争中取胜。

## 心得体会

# 第 5 章

# 店面销售技术实务（三）

本章重点

- 把握顾客
- 清理卖场与检查商品
- 发现和处理滞销品
- 卖场促销的策略
- 卖场营业人员的禁忌

# 把握顾客

顾客是店面的“衣食父母”，没有顾客就没有销售，也就没有盈利，店面就失去了存在的意义。因此，对顾客的有效把握及扩大是店面发展的重点。

## 亲近顾客的三项原则

与顾客建立亲近的关系，能增加顾客常来的频率，提高销售的营业额。销售其实就是人与人之间的接触，销售技巧就是人与人之间的沟通技巧。

➡ 营业员首先要自己突破拘束心情，主动地和顾客沟通。

➡ 在交谈中掌握顾客的个性，了解顾客的好恶，抓住时机来恰当地表达对顾客的关怀。

➡ 努力发现顾客的优点或长处，赞美顾客。

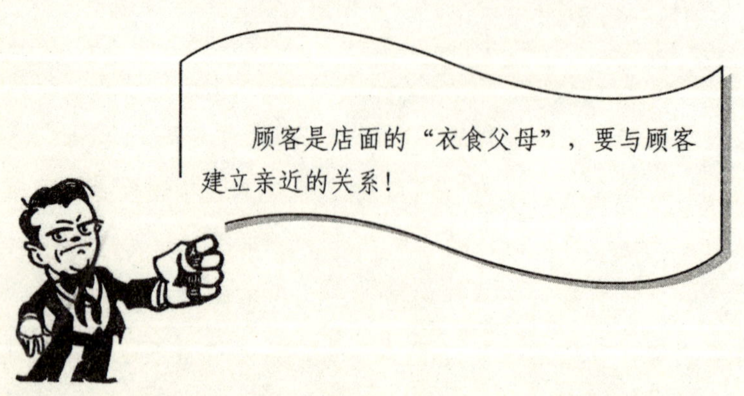

## 培养顾客的忠诚度

在激烈的竞争中，拥有一批忠诚的顾客，就能确保营业额。营业员应勤做努力，最终做到让新顾客成为常客，常客变成固定客。

### ◎案例1

一个人第一次走进一家餐厅，坐下后问服务员："你们这儿有什么值得推荐的美食吗?"

"我推荐我自己。"服务员回答道。

顾客听了之后感到很诧异。

"是这样，我向您保证不仅能为您提供美味可口的饭菜，而且还能让您对我的服务感到十分满意。"

心满意足地吃完饭后，这个人对服务员说："你可以把我作为这儿的常客，下次我和我的家人一起来。"

"那真是太好了，到时我为您提供免费饮料。"服务员回答说。

### ◎案例2

一位顾客经常到住家旁边的一家超市买米，每月买一次，这儿的营业员是一个细心的人，几次之后发现了规律，那就是这位顾客每到月底要买30公斤的米。一次快到月底时，顾客来购物，营业员主动说："先生，您家的米快用完了吧，我们新上了一种泰国香米，您不妨买些回去试试。"顾客听了，觉得很亲切，自家的米缸还剩多少米，这个营业员都记得，真是值得信赖。

## 建立顾客档案的目的

**建立顾客档案的目的：**

- 了解顾客的基本资料
- 了解顾客的需求
- 采用现代化的管理手段

➡ 了解顾客的基本资料。包括顾客来自何处、家庭规模、收入水平、年龄、性别、消费爱好等。

➡ 了解顾客的需求。顾客的需求是经常变化的，在收入水平不断提高的条件下，变化的速度也在增长，店面要经常进行对顾客需要的调查，例如用问卷调查的方法来了解顾客的真实需要。

➡ 采用现代化的管理手段。现代社会的一个显著特点是管理的科学化，要充分运用POS系统所提供的各种信息，通过IC卡、磁卡和会员卡等各种先进的现代工具进行信息管理。

## 自检

请根据以下事例回答问题。

一名营业员和顾客的对话：

营业员："大妈，这回要点儿什么？"

顾客："今天有什么新鲜的水产品吗？"

营业员："正好我们刚上了一批新鲜的武昌鱼，清蒸味道最鲜美了，您看可以吗？"

顾客："好，给我挑一条。"

营业员："哎，您稍等。今天买这么多好吃的，来客人了？"

顾客："我儿子从北大放暑假回来了。"

营业员："哦，是应给他做些好吃的，大妈您好福气啊，儿子读名牌大学。"

顾客："哈哈……"

请你谈谈营业员在这次销售中有哪些成功的地方？你可以从中得到哪些启示？

✍ ______________________________

______________________________

______________________________

**（见参考答案5—1）**

# 清理卖场与检查商品

## 及时清理卖场

有的顾客拿了商品之后，又不想买了，就随手把它放在一边；有的甚至为了好玩或别的动机故意这样做。人们常常看到超市里饼干放在卖汽水的区域里，火腿放在卖毛巾和牙膏牙刷的地方。有些商品放在一起是很不合适的，比如杀虫剂和饼干放在一起，这怎能不让人怀疑饼干的安全性；还有些商品是要冷冻保存的，拿出冰柜的时间长了会溶化、腐坏，所以需要营业员及时清理卖场，给商品正确地归位。

## 检查商品

营业员要对顾客负责，经常检查商品，做到心中有数。

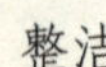

**检查商品的注意事项：**

- 商品或货架有没有灰尘
- 价格表是否清晰，位置是否正确
- 商品分类是否正确
- 有无搀杂破损或污染品
- 已售完的商品是否得到了及时的补充
- 彻底实施“三整”— 整理、整顿、整洁

# 发现和处理滞销品

## 商品滞销的原因

一家店面难免会有滞销品，造成商品滞销的原因很多，主要有：

➡ 商品本身的问题。如有的商品品质不好、款式过时、实用性差、价格过高等等。

➡ 商品陈列的问题。商品陈列位置过于偏僻，顾客看不到；或者是摆放不当，给顾客造成了不好的印象；或者某些同类的商品陈列在一起，压抑了其中的另一种。

## 滞销商品的选择标准

➡ 销售额排行榜；

➡ 最低销售量或最低销售额；

➡ 商品质量。

## 滞销商品的处理方法

滞销商品过多，会使整个店面的格调也相应地被迫降下来，这时的店面已像个仓库，而不是营业场所了。对滞销商品，必须采取果断的处理措施，决不能拖延。因为滞销品不但不能带来利润，而且消耗成本，每天都需要营业员照看、整顿、排列，拖的越久，成本也就越高。

➡ 与供应商协商。根据实际情况，与供应商协商一下，重新调整这些滞销商品的价格，或采取促销行动，直至退货。

➡ 改进商品的陈列方式。把商品摆在最醒目的位置，或设置专柜及摊位，吸引顾客的注意，最后成功地把商品销售出去。

◎**案例**

春节过后，一家超市发现鸡腿、鸡翅等冷冻食品特别不好销售，于是就举办了一个“回家自己做肯德基”的活动——在店面挂上POP广告，并把炸鸡调料与冷冻鸡腿、鸡翅陈列在一起销售。结果不但使该类商品销售额明显上升，而且还带动了其他相关商品的销售。

## 自检

分析上面的案例，说说这次活动取得成功的原因是什么？回想一下自己曾经做过的促销案例，进行简要描述，认真地总结出还有哪些不足，应怎样改进？

（见参考答案5—2）

# 卖场促销的策略

在激烈的市场竞争中，仅有合理的价格、一流的产品和服务还不够，还要有一流的促销策略。促销的本质是沟通信息、激发需求、促进购买和消费，最终目的是为了扩大销售。

## 卖场促销的基本类型

### ◆ 店头促销

“店头”指卖场中的堆头和端头。堆头是指在展示区、过道或其他区域落地陈列的商品。端头指货架的两端，因为它们与顾客的接触频率高，容易促使顾客产生购买行动。

### ◆ 现场促销

在一定时期内，针对预期顾客，开展促销活动。现场促销通常采用营业员当场说明并进行示范的办法。

### ◆ 展示促销

美国某家商场有句名言：“样品展示是新产品销售的开始。”通过展示促销，使消费者直接、充分地了解商品的特性和优点，以此激发顾客的购买欲望。

## POP 广告促销

无论何种促销，都少不了 POP 广告的大力相助。POP 广告（Point Of Purchase advertising）是指卖场中提供商品与服务信息的广告、指示牌、引导等标志，也称为售点广告。

POP广告对促销的作用：

- 吸引顾客进入卖场
- 传达卖场商品信息
- 提高商品陈列的视觉效果
- 创造店内购物气氛
- 刺激顾客的购买欲望
- 突出卖场的形象，吸引更多的顾客

**表 5－1 POP 广告在顾客购买过程中的作用流程**

| 消费心理 | 消费动作 | POP |
|---|---|---|
| 引起兴趣 | 注意店头广告 | 海报等 |
| 产生兴趣 | 接近商品 | 展示陈列 |
| 唤起购买欲望 | 了解商品品质 | 商品说明书 |
| 品牌记忆 | 产生购买欲望 | 价目表、展示牌 |
| 购买 | 选取商品，付款 | 陈列架、收银台 |

## 卖场营业人员的禁忌

店面的最终目的是获得销售利润，这一目标最终要通过顾客购买商品来实现，所以卖场要尽量避免让顾客产生任何的不愉快。营业人员代表了店面的形象，执行着销售的任务，直接决定着营业额的高低，所以营业人员要十分注意自己在卖场中的一言一行。

营业人员的禁忌事项有：

➡ 两手环抱胸前、翘脚、身体倚靠在柜台上、手插在衣袋里或是在工作时间内阅读杂志；

➡ 互相聊天、打手机、大声地嬉笑；

➡ 盯视顾客、瞧不起顾客、与别人讨论顾客、对顾客品头论足；

➡ 让顾客久候；

➡ 使用方言、粗俗语言或用口头禅；

➡ 说明商品时态度或语气不耐烦或敷衍了事；

➡ 表情沉闷、情绪化，表露出疲惫的神态；

➡ 不愿意让顾客看样品；

➡ 拿取商品时，动作蛮横粗鲁；

➡ 单手找钱或把该找给顾客的钱放在柜台上；

➡ 顾客还未离开就转身走开；

➡ 不送客。

## 自检

以下是一些营业人员在工作中的情景，你认为他们犯了什么错误?

(1)小李是一名电脑营业员，每天回答顾客很多次对电脑的询问，这天他嫌烦了，就对顾客说，什么型号你自己看啊！

(2) 小王说话总带着“三字经”，一天在接待顾客时也说了出来，顾客听了很生气，认为小王是有意骂他。

(3) 小张在销售手机时，一位顾客想看看最新一款的手机样品，小张武断地认为他买不起，拒绝把样品从柜台里拿出来，实际上这位顾客完全买得起也确实真的要买，不幸的是竟遇到了小张这样武断和销售方法死板、固执己见的营业员，顾客别无良策，不得不垂头丧气、万般无奈地离开了。

(4) 小陈是一名收银员，这天顾客特别多，忙得小陈一手递给顾客商品，一手给顾客找零钱。

(见参考答案5—3)

## 本章小结

本章继续介绍了店面销售的一些技术实务，包括如何把握顾客、培养顾客的忠诚度，为什么要及时清理卖场、怎样检查商品、如何发现和处理滞销品、卖场促销的策略及卖场营业人员的禁忌等各种十分重要的内容。

## 心得体会

# 第 6 章

# 店面布局安排和商品组合互动

本章重点

店面布局的基本思路

商品陈列技术

# 店面布局的基本思路

店面应充分地利用有限的空间资源，合理规划和实施卖场的总体布局，最大限度地吸引顾客购买和便利顾客购买。卓有成效的商品陈列是从合理的卖场布局开始的。

## 卖场通道的设计

对于便利店或个体商店而言，店面里就只有两条通道。但是对于大型的店面，通道有主通道和副通道之分，至于量贩店和购物中心，还有人流通道、物流通道和车流通道之分。

店面内的通道是根据商品的配置位置与陈列的整体布局是否达到了最佳效果来设计的，良好的通道设计，能便利而通畅地引导顾客到达卖场的每个角落，接触所有的商品，使卖场空间得到最有效的利用，同时还能保障顾客的疏通和安全。

通道设计要遵循以下原则：

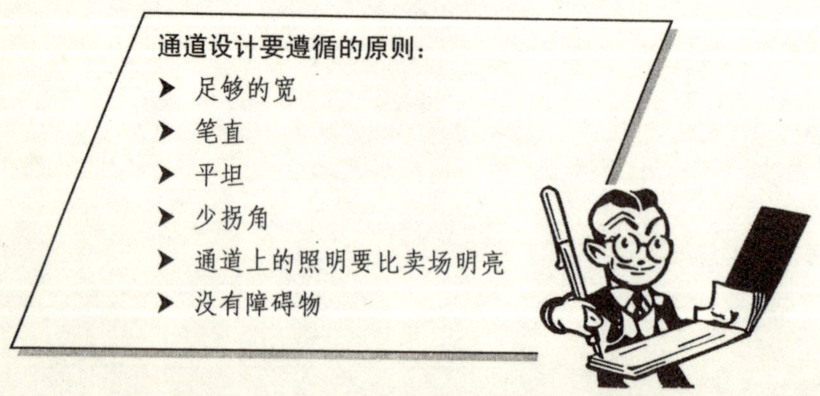


➡ 足够的宽。保证顾客推着购物车，能顺利地通过。

➡ 笔直。避免迷宫式通道，尽可能进行笔直的单向式设计。

➡ 平坦。地面应保持平坦，避免出现“层中层”、“加层”，令顾客眼花缭乱，不知何去何从。

➡ 少拐角。通道途中拐弯的方向要少，有时需要借助连续展开不间断的商品陈列来调节。

➡ 通道上的照明要比卖场明亮。一般通道上的照明要达到1,000勒克斯，尤其是主通道，相对空间比较大，是客流量最大、利用率最高的地方，要充分考虑到顾客走动的舒适性和非拥挤感。

➡ 没有障碍物。在通道内不能摆设与陈列商品无关的器具或设备，以免阻断通道，损害购物环境的良好形象。

**表6—1 店面通道宽度设定值**

| 单层卖场面积 | 主通道宽度 | 副通道宽度 |
|---|---|---|
| 300平方米 | 1.8米 | 1.3米 |
| 1,000平方米 | 2.1米 | 1.4米 |
| 1,500平方米 | 2.7米 | 1.5米 |
| 2,500平方米 | 3.0米 | 1.6米 |
| 6,000平方米以上 | 4.0米 | 3.0米 |

## 自检

简述店面通道设计的基本原则。

✍ ______________________________________________

______________________________________________

______________________________________________

（见参考答案 6—1）

## 卖场的布局技巧

由于面积和模式的不同，各个店面在布局上是存在差异的。

### ◆ 便利店或个体商店

便利店或个体商店由于面积小，其布局的特点是：进口处和收银处设在一起，货架按由低到高的顺序层次性展开，使顾客对商品一览无余。

### ◆ 一般超市

一般超市的主力商品是生鲜食品，所以把水果蔬菜、冷冻品和冷藏品摆放在进口处，并把生鲜品集中放置在一起，以达到吸引顾客并方便其一次性购买的目的。

### ◆ 大型超市和量贩店

大型超市和量贩店的店面卖场面积大，有的甚至达到一两万平方米，商品也非常丰富，其布局一般采取 5 种方法。

**大型超市和量贩店的布局方法：**

- 食品与非食品区域分开，甚至实行不同楼层、不同通道的分开
- 主通道两侧配置促销商品
- 副通道配置一般商品
- 用较大面积的特别展示区来配合高频率的促销活动
- 生鲜食品区布局在主通道末端，以保证与收银区的衔接

## ◆ 购物中心

前三种业态都是一个交易场所，从事的只是买卖，而所谓的购物中心不仅有买卖的行为，还有娱乐、餐饮、停车的行为，需要充分满足消费者购物及休闲的各种需求，总体考虑合理的车流、人流、物流系统，提供便利、舒适、娱乐的购物场所。以下提供一个购物中心的店面布局。

**◎案例**

一家购物中心的店面布局：地下二层是停车场，地下一层是一般超市，主要卖生鲜食品和日用品，地上一层经营化妆品和鞋类，二层卖女装，三层卖男装，四层卖体育用品和运动服饰，五层经营电器和床上用品，六层是餐厅，七层是游乐场。这就是一个集购物、休闲、娱乐、餐饮于一体的大型购物中心。

## ◆ 卖单一商品的小店面

卖单一商品的小店面，如服装店、药店等等，规模小，店面的布局与大型的商场和超市相比自然要简单得多，可以视具体情况而定。

◎案例

一家便利店或个体商店的布局：一进门，两条走道进去，前半段卖的是一些化妆品、美容清洁用品；中间卖休闲食品，如巧克力糖或小饼干之类的小点心，并在其左边卖毛毛熊、毛毛狗之类的玩具，右边卖文具、卡片；后半段卖的是纺织品、内衣裤、丝袜等，在两边，一边放保健食品，另一边放卫生用品；最后一段卖一些成药。

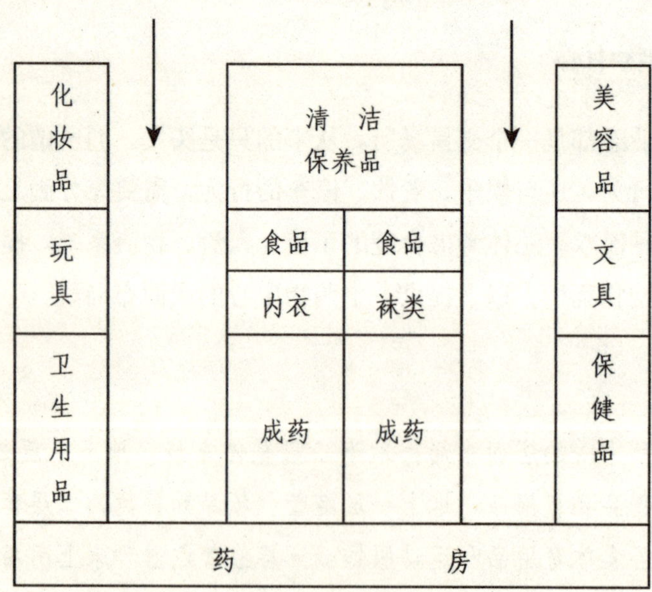


图 6—1 便利店或个体商店的布局

**自检**

为什么一般超市通常都把生鲜食品摆放在进口处，而大型超市和量贩店却把生鲜食品布置在靠近收银区的末端?

（见参考答案 6—2）

## 店面的上货通道

店面里每天都要补充货源，不同的商品有不同的周期。生鲜品、水产海鲜之类补货率最高时是早晨，日用品也是早晨补货率最高；午后一般百货干货食品补货几率最大；到了傍晚，购买高潮到来时，熟食品的出货速度也很快。

在做店面布局时必须考虑到工作人员的补货通道，尽量在规划中不要和人流通道穿插，尽量不要在人最多的关结点上穿插，否则对顾客和工作人员的安全，对机器设备和商品都会造成困扰。

在设计上货通道时要考虑所使用机具的大小、规格、数量。比如叉车或者拖车，回转半径、宽度、载重量等分别是多少等因素都要考虑。

顾客使用的手推车要和店面的营业面积、商品数量成比例，配置最佳数量的手推车，既可满足顾客需求，又能达到最经济的原则。

### 货架的标准化

店面使用的货架应尽量都达到标准化，这对超市尤其重要。各种业态模式的店面应使用符合各自标准的货架。

- 便利店和个体商店使用的是 1.3～1.4 米高的货架。
- 一般超市使用的是小型平板货架，高度为 1.6 米左右。
- 大型超市使用的是大型平板货架，高度为 1.8～2.2 米。
- 量贩店和仓储店使用的是高达 6～8 米的仓储式货架。

---

## 商品陈列技术

合理地陈列商品可以起到展示商品、刺激销售、方便购买、节约空间、美化购物环境等各种重要作用。据统计，店面如能正确运用商品的配置和陈列技术，销售额可以在原有基础上提高10%。

## 商品陈列的基本方法

➡ 分类明确。相同类别的商品陈列在一起，便于顾客的一次性购买。

➡ 商品显而易见。不应存在顾客看不清楚或小商品被大商品挡住的情况。

➡ 顾客伸手可取。不能将带有盖子的箱子陈列在货架上，还要考虑陈列的高度，以方便顾客随手可取。

➡ 货架要放满。货架上堆满商品，可以给顾客商品丰富的好印象，也可提高商品周转的物流效益。

➡ 相关性商品陈列在一处。相关商品陈列在一起，既能方便顾客购买，又能刺激顾客的购买欲望。要注意相关性商品应陈列在同一通道、同一方向、同一侧的不同货架上，而不应陈列在同一组双面货架的两侧。

### ◎案例

顾客买了一瓶啤酒，看见旁边有开罐器，就顺带买了一个开罐器，然后记起来过几天要请客，所以再走几步，看到了陈列精致的玻璃杯，于是又挑选了一组玻璃杯。本来顾客只是为了买一瓶啤酒，结果因为买啤酒，而买了开瓶器，又买了玻璃杯，甚至于连杯垫也一起买了。

## 商品陈列的AIDCA原则

商品陈列的AIDCA原则：

- Attention（注意）
- Interest（兴趣）
- Desire（欲求）
- Conviction（确信）
- Action（行动）

## 商品陈列的类型

商品陈列的类型：

- 纵向陈列和水平陈列
- 廉价陈列和高档陈列
- 大型陈列、中型陈列和小型陈列
- 活动式的陈列

### ◆ 纵向陈列和水平陈列

纵向陈列是指同类商品从上到下地陈列在一个或一组货架内，顾客一次性就能轻而易举地看清所有的商品。水平陈列是把同类商品按水平方向陈列，顾客要看清全部商品，需要往返好几次。所以，应尽量采用纵向陈列。

### ◆ 廉价陈列和高档陈列

落地陈列属于廉价陈列，它给顾客一种便宜的感觉，能够刺激顾客的购买欲望。

有些场合需要给顾客高档的感觉，可以用豪华的货架和灯光处理的方法制造高档的感觉。

**◎案例**

夏天时，超市里通常都把可乐、橙汁等各种饮料落地陈列；到了冬天，又把火锅之类的商品落地陈列，以达到大量销售的目的。

### ◆ 大型陈列、中型陈列和小型陈列

➡ 大的店面经常举行各种名义的促销，使用大型陈列。假期到了，量贩店配合可乐供应商举办一个暑假活动，在店面里落地陈列可乐，这叫大型陈列。

➡ 一般超市在货架两端做中型陈列。

➡ 便利店中每个货架层板上的陈列，是小型陈列。此外，百货商场里设置的花车也是小型陈列。

### ◆ 活动式的陈列

对于一些商品，可以采用活动式的陈列，比如服装，营业员选取其中一款，作为制服穿在身上，这也是一种销售技巧，营业员本身就在生动形象地直接给商品作着一种引人注目的最佳效果的展示。

陈列的方式有很多种，要想在激烈的竞争中胜出，就要有异于大众的宣传效果，有最佳的、独特而大胆的创意。

## 自检

简述商品陈列的基本方法？有哪些类型？

（见参考答案6—3）

## 本章小结

本章介绍了店面的布局和商品的陈列，包括卖场通道的设计、不同店面的布局技巧、上货通道的设计、货架的标准化、商品陈列的基本方法、商品陈列的 AIDCA 原则、商品陈列的类型等内容。合理的店面布局和商品陈列技巧能够卓有成效地展示商品、刺激销售、方便购买、节约空间、美化购物环境、大幅度地提高销售额，是店面销售的一个重要环节。营业人员应对其非常重视，并争取有所创意，塑造出店面的特有风格，这样才能更好地吸引众多的顾客，最终实现大幅度地提高销售业绩。

## 心得体会

# 第 7 章

# 店面色彩、照明与商品展示和情境活泼化

**本章重点**

- 商品的分类
- 店面的色彩运用
- 店面的照明
- 营业气氛的活泼化

## 商品的分类

现代社会的商品极大地丰富了，对其进行合理的分类，可以实现管理科学化、规范化。

商品分类可以根据不同目的，按不同的分类标准来进行。一般来说，采用综合分类标准，应将所有商品划分为大分类、中分类、小分类和单品等四个不同的层次。

➡ 大分类。大分类的主要标准是商品特征，如畜产、水产、果菜、日配品、一般食品、日用百货、家用电器、服装等。

➡ 中分类。中分类是大分类中细分出来的类别。

➡ 小分类。小分类是中分类中进一步细分出来的类别。

➡ 单品。单品是商品分类中不能再进一步细分的、完整独立的商品。

### ◎案例

日配品这个大分类下，可分出牛奶、豆制品、冰品、冷冻食品等中分类，这是按照商品功能与用途来划分的。

畜产品这个大分类下，可分出熟肉制品的中分类，再分出咸肉、熏肉、火腿、香肠等小分类，这是按照商品制造方法进行划分的。

一般食品大分类中从饮料这一中分类，又可进一步细分出听装饮料、瓶装饮料、盒装饮料等各种小分类，这是按照规格包装划分的。

商品分类没有一个统一、固定的标准，各个店面可以根据市场和自己的实际情况来进行，但是，应以卓有成效地实现方便顾客购物、商品组合、管理等各方面的目标为目的。

## 自检

参照上面的方法，你再举出几个商品划分。

（见参考答案 7—1）

## 商品的组合

从不同角度对商品加以组合，可以形成不同类别的商品群。

对商品进行组合，既可以是商品结构中的大分类、中分类、小分类，也可以是跨分类的新的商品组合，而且后者一般说来更受广大顾客的欢迎。

商品的组合方式：

- 按消费季节组合
- 按节庆假日组合
- 按消费便利性组合
- 按商品用途组合
- 按价格组合
- 按供应商组合

➡ 按消费季节组合。如在夏季将凉席、灭蚊剂、电风扇、清凉饮料等组合成一个夏令商品群。冬季将粉丝、蔬菜、牛羊肉、调料、滋补中草药组合成进补火锅类商品群。

➡ 按节庆假日组合。如在情人节前夕，将玫瑰花、巧克力，对表、心形工艺品等组合成一个情人节系列的商品群。

➡ 按消费便利性组合。如将午餐肉、开罐器、面包、包装熟食、矿泉水、塑料布等组合成一个旅游或野餐系列商品群。

➡ 按商品用途组合。如将葡萄酒、酒杯、启瓶器等组成一个商品群。

➡ 按价格组合。参照“3 元店”、“10 元店”的经营方式，开设一个由小百货等组成的“均一价”商品群。

➡ 按供应商组合。如将某一品牌的商品组合在一起。

## 店面的色彩运用

店面是一个情景的诉求，这就好比一个舞台。舞台的作用是演员打扮光鲜亮丽，道具布置美丽迷人，观众就坐在台下观赏。而店面是让顾客也走上舞台，走到情景里面来，所以店面里要塑造一种购物的环境，让顾客在这种环境中身不由己地参与购物这一演出。比如一位顾客看到别人往手推车里放东西，他也会取一些放在自己的车里。要达到这个效果，需要运用色彩、照明等道具。

## 色彩的形象

了解色彩的效果和作用是营业人员应具备的常识，这对于在营业场所做销售以及使用销售工具都有很大的作用。

### ◆ 不同的色彩具有的不同形象

色彩所具有的形象：

- 高级感——金、银、白
- 低级感——红、绿、紫
- 华丽感——橙、黄、红紫
- 寂寞感——灰、绿灰
- 快乐感——黄、橙、水色

### ◆ 色彩组合的效果

色彩组合的效果：

- 温暖感——暖色和红与黄橙的配色
- 重量感——明亮度低的色彩组合
- 摩登感——灰色和最鲜艳的颜色
- 积极感——红与黄、黄与黑的配色
- 稳重感——茶色与柑色的配色
- 年轻感——白与艳红的搭配
- 华丽感——色彩度高、色环距离较远的色彩组合
- 朴素感——色彩度低、色环距离较近的色彩组合
- 清凉感——冷色和暖色
- 轻量感——明亮度高的色彩组合
- 庸俗感——以肤色为主题组合
- 理智感——白与青绿等的配色
- 开朗感——黄与亮绿的组合
- 平凡感——绿与橙的组合

◆ 突出色与后退色

有些色彩有突出感，仿佛很接近人，比如红色、橙色、黄色；有的色彩有后退感，仿佛离人很远，比如青色、紫色。

## 色彩的运用

巧妙利用色彩，可以刺激视觉，提升店面层次。

➡ 色彩的运用是灵活的，经常变化的。广告、图片、海报用的颜色，文字的颜色，都要和季节或具体的时期相符。

◎案例

一家超市在春夏秋冬分别采用了不同的店面主色调。春天用绿色，代表了春天的气息；夏天用水蓝色，给顾客以清凉的感觉；秋天用金黄色，象征着丰收的喜悦；冬天用火红色，给顾客送上温暖的感受。这家超市的色彩运用是成功的，当然也就收到了很好的回报。

➡ 主色调和辅助色调。在选定某一个主色调以后，可以适当地再加上一些适量的辅助色，以达到区分不同商品和更生动表达的效果。

◎案例

过春节时，一家超市选用大红色作为主色调，传达喜气洋洋的感觉；然后在果菜区用绿色作为辅助色，给人以新鲜的感觉；在百货区用黄色，制造积极的氛围；在收银台用金色，象征着荣华富贵。

## 指示系统

指示系统为顾客提供信息，帮助顾客找到自己想要的东西，可是很多店面里的指示系统却被弄得乱糟糟的，说明不清楚，摆放位置不正确。指示系统首先要靠颜色，比如指示生鲜蔬果，使用绿色；指示牛肉猪肉，使用红色；指示水产，使用蓝色。这样，顾客一眼看到就明白，按着颜色的方向就能往那个地方去。

**◎案例**

国外的指示系统大部分依靠颜色和图形，比如洗手间，女洗手间的指示牌上画一个人头，画一个三角形，像条裙子；男洗手间的指示牌上画一个烟斗，这是用图来形象地说明。

依照表现的生动性和形象度，首先应该选用颜色，再是图形，最后才是文字。但是，店面里常常不重视图形和色泽，而是着重于文字，这是一个急需改进的方面。

# 店面的照明

不同业态的店面采用不同方式的照明系统，百货商场、购物中心、量贩店、仓储店、便利店、个体商店、专卖店，都有各自适合的照明方式。

同一店面里不同的商品区域也要采用不同的照明方式，比如食品区要用高强度的灯光，而床上用品区的灯光可以朦胧一点，制造一种现场的气氛。照明系统大致可以分为两类：

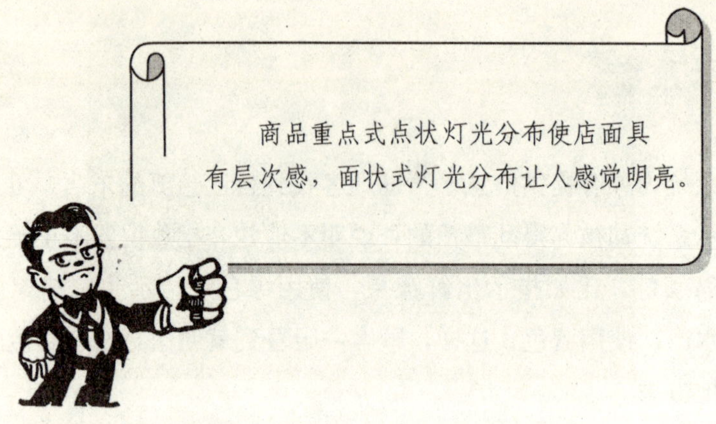


## ◆ 商品重点式点状灯光分布

商品重点式点状灯光分布是指对某些点做集中的高照度照明，其他区域的照度则相对较低。在欧洲一些国家的店面里，点状灯光分布使用比较广泛。

商品重点式点状灯光分布的好处在于使店面看起来具有层次感，因为人的感觉是从一个点看到另一个点，利用明暗的不同，可以成功地塑造多层次的店面形象；缺点是整体的亮度较低，从外面看起来，店面里比较黑暗。

### ◆ 面状式灯光分布

面状式灯光分布使店面所有地方看起来亮度都相同。

大部分店面都采用面状式灯光分布，因为它能营造一种明亮、干净的效果；从店面外面看起来，让人有窗明几净的感觉；它的缺点是层次感稍差。

## 营业气氛的活泼化

### 气氛的多样性

店面里的气氛是很重要的，常常是多种气氛共同存在，共同发挥作用。

➡ 买卖的气氛。既然是店面，首先要有买卖的气氛，让顾客在里面愿意买东西，倾向于多买东西。

➡ 舒服的气氛。顾客进到店里来，觉得很愉快、放松，觉得人与人之间很亲切，愿意在里面停留，而不是急匆匆的或完成任务式的。

➡ 活泼的气氛。前面说过，店面是营业人员和顾客共同参加演出的舞台，顾客是积极的参与者，而不仅仅是观看者，所以要制造活泼的气氛，全力调动顾客的积极性。

## 自检

请举出一家你喜欢的店面，分析这家店面带给你什么样的氛围？它是如何制造出这些氛围的？

✍ ______________________________

______________________________

______________________________

## 气氛的活泼化

要充分运用各种手段和方法，使店面的气氛活泼化，这样既可以提高营业人员的工作积极性，又可以充分调动顾客的购物积极性。活泼气氛有五种途径，分别是配置显眼化、陈列活泼化、商品多样化、服务亲切化、促销戏剧化。营业人员不仅要知道这五种途径，更重要的是要充分切实地执行。

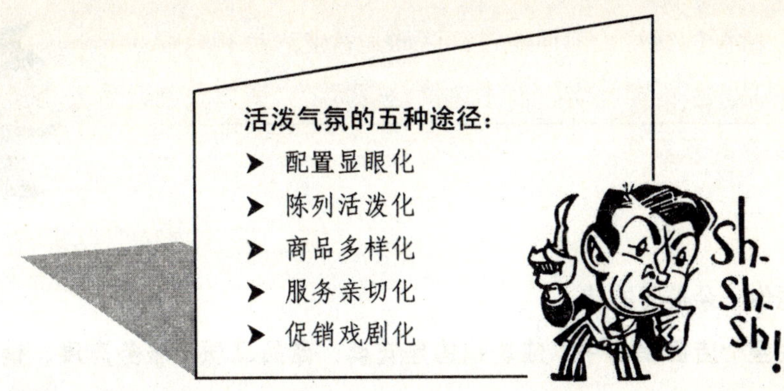


**◎案例**

商品特别是促销品的上面常常挂一个广告牌，上面标着大大的阿拉伯数字，以便告诉顾客这个商品就卖这个价钱，是多么便宜呀。这是配置的显眼化。

商品有很多摆放方式，要尽量把商品的优点充分地表现出来。比如水果，可以摆成活泼的形状，这是陈列的活泼化。

一家工艺品店要销售一批埃及的文化复制品，于是举办了一次埃及文化节，收集了大量有关埃及的资料和物品，还在店面里摆设了缩小版的金字塔和狮身人面像，以及关于埃及的杂志和光盘，这是促销戏剧化。

## 自检

送你一朵美丽的花。

在整个店面销售中，成功销售是花蕊，商品品质、服务态度、销售技巧、店面布局、商品陈列、促销策略、色彩照明等等都是花瓣，要想保护花蕊，需要花瓣的支持，要想获得销售的成功，需要很多条件，你能给这朵美丽的花再添上几片花瓣吗?

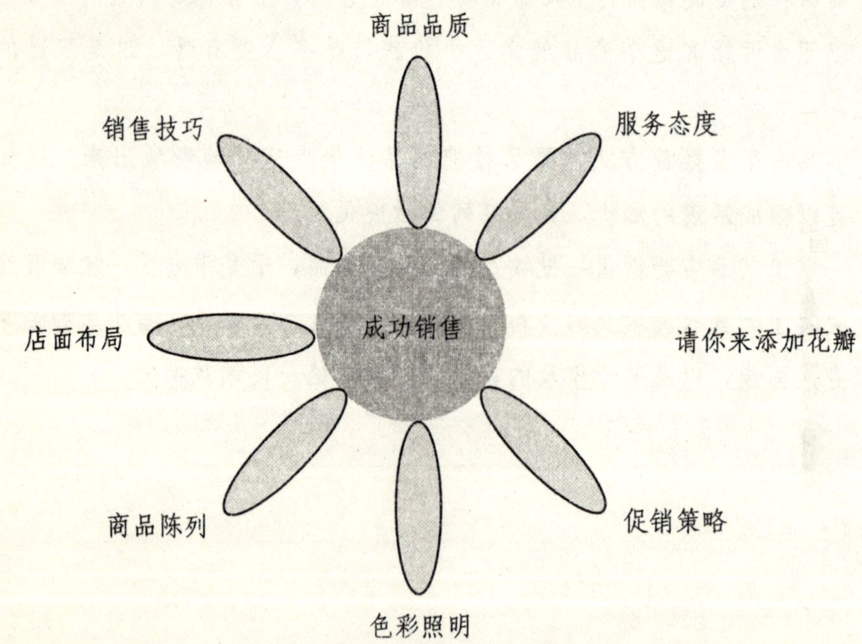

## 本章小结

本章介绍了商品组合、色彩运用、店面照明以及营业气氛的活泼化。具体内容包括商品的分类和不同组合、色彩的形象和组合、怎样运用色彩塑造店面的风格、指示系统的设计、店面照明系统的选择、店面气氛的多样性、如何使营业气氛活泼化。店面的工作千头万绪，要有良好的制度、严明的纪律、优秀的营业人员以及不断创新进取的精神，才能从激烈的竞争中脱颖而出，取得成功。

## 心得体会

________________________________________

________________________________________

________________________________________

________________________________________

________________________________________

# 参考答案

**参考答案 1—2**

（1）正确　　（2）错误　　（3）错误　　（4）错误

**参考答案 2—1**

营业员礼节要周到，为顾客提供专业和亲切的建议以及有意义的商品信息，提供完善的售后服务，创造舒适的购物环境。

**参考答案 3—1**

（1）B　　（2）D　　（3）A　　（4）C

**参考答案 4—1**

第一个营业员的行为有错误，对于赶时间的顾客，营业员应积极主动地配合顾客，协助顾客迅速选购商品，而不是让顾客在一边等候。

第二个营业员用留住孩子的方法成功地留住了顾客，也实现了销售。

**参考答案 4—2**

第一家超市致力于对偷窃行为的处罚，而第二家超市致力于防止偷窃行为的发生，相比之下，第二家超市更人性化，尽量避免了与顾客的不愉快。

**参考答案 4—3**

（1）错　（2）错　（3）对　（4）对

**参考答案 5—1**

营业员成功地和顾客建立了亲切的关系，通过对话了解到顾客的基本资料和需求，有针对性地为顾客服务，赞美顾客，这些都能增强顾客的忠诚度。

**参考答案 5—2**

这次活动取得成功的原因在于超市发现滞销品后，立即采取行动促销，并且提出了有创意的促销方法。

**参考答案 5—3**

（1）小李对顾客的询问不耐烦。

（2）小王说话带有口头禅、“三字经”。

（3）小张不愿给顾客看样品。

（4）小陈单手给顾客找钱。

**参考答案 6—1**

（1）足够的宽。

（2）笔直。

（3）平坦。

（4）尽量少拐角。

（5）通道上的照明要比卖场明亮。

（6）没有障碍物。

**参考答案 6—2**

因为一般超市的主力商品是生鲜食品，所以把水果、蔬菜、冷冻品和冷藏品集中摆放在进口处，这样更有利于吸引顾客并方便顾客的一次性购买，而且一般超市面积小，顾客在店里滞留的时间一般不会超过一小时，所以能保持冷冻品不溶化；而大型超市和量贩店的面积非常大，顾客在店里滞留的时间长，有时长达两个小时以上，在这种情况下，如果先拿生鲜产品再去逛，过了一段时间冷冻品就溶化了，不仅食品不新鲜，而且血水还会弄脏地面。

**参考答案 6—3**

商品陈列的基本方法有：

（1）分类明确；

（2）商品显而易见；

（3）顾客能方便地伸手拿取；

（4）货架要放满；

（5）相关性商品陈列在一起。

商品陈列的类型有：

（1）纵向和水平的陈列；

（2）廉价和高档的陈列；

（3）大型、中型和小型的陈列；

（4）活动式的陈列。

**参考答案 7—1**

➡ 日用百货大分类中的鞋为中分类，可进一步细分为皮鞋、人造革鞋、布鞋、塑料鞋等小分类，这是按照商品成分来划分的。

➡ 糖果饼干大分类中的饼干为中分类，可进一步分为甜味、咸味、奶油、果味等各种饼干的小分类，这是按照商品口味来划分的。

附　录

# 工具表单

## 表1－1 店面外部环境调查表

| 调查项目 | 优 | 一般 | 较差 | 改进措施 |
|---|---|---|---|---|
| 店面的位置如何 | | | | |
| 交通方便与否 | | | | |
| 本店商圈内的户数有多少 | | | | |
| 商圈内户数成长率的大小 | | | | |
| 商圈内大型商业设施有多少 | | | | |
| 将要在附近开店的竞争对手有多少 | | | | |

**使用说明**

**目的**：了解店面的外部环境和竞争对手的情况。

**填写**：根据实际情况填写。

# 表 1－2　店面内部环境调查表

| 调查项目 | 优 | 一般 | 较差 | 改进措施 |
|---|---|---|---|---|
| 招牌显眼程度如何 | | | | |
| 出入口大小如何 | | | | |
| 橱窗及店门玻璃干净程度如何 | | | | |
| 橱窗内装饰如何 | | | | |
| 从出入口及窗户能看清店内吗 | | | | |
| 店面内照明情况如何 | | | | |
| 店面内色彩协调与否 | | | | |
| 店内陈列突出重点与否 | | | | |
| 店内卫生情况如何 | | | | |
| 店面精神状况如何 | | | | |
| 营业员服务态度如何 | | | | |

**使用说明**

**目的：**了解店面内部环境条件，以便有针对性地改善。

**填写：**根据实际考察结果填写。

## 表 1-3 一周营业人员配置表

年　　月　　日至　　日　　　　　　　　　　　　负责人：

| 日　期 | 星　期 | 公休人员 | 补　休 | 有薪假 | 早　班 | 晚　班 |
|---|---|---|---|---|---|---|
| | | | | | | |
| | | | | | | |
| | | | | | | |
| | | | | | | |
| | | | | | | |
| | | | | | | |
| | | | | | | |
| | | | | | | |

**使用说明**

**目的**：统计一周内员工的出勤情况，为下周的人员安排提供参考。

**填写**：根据当天的出勤情况如实填写。

# 表 2-1 员工综合素质测评表

日期：　　年　　月　　日

| 被考核人： | | 职务： | | |
|---|---|---|---|---|
| 考核项目 | 考核细则 | 优 | 一般 | 差 |
| 德 | 对公司忠诚度 | | | |
| | 爱岗敬业情况 | | | |
| | 办事公正廉洁 | | | |
| | 对上级交待的事能按要求完成 | | | |
| 能 | 工作有条理 | | | |
| | 能提出有效的改善建议 | | | |
| | 学习接受能力 | | | |
| | 胜任本职工作 | | | |
| 勤 | 办事的主动性 | | | |
| | 与同事的协作 | | | |
| | 对上级交待的工作乐意完成 | | | |
| | 工作责任心 | | | |
| 绩 | 工作时间支配得当 | | | |
| | 交办工作按时完成 | | | |
| | 工作量在同行中是否领先 | | | |
| | 无因工作失误影响整体利益 | | | |
| 综合评价 | | | | |

**使用说明**

**目的：**对员工的综合素质做出评定，掌握员工的素质水平。

**填写：**由负责人根据员工的实际表现，在相应栏填写。

## 表2-2 营业人员服务态度考核表

被考核者姓名：　　　考核日期：　　　年　　月　　日至　　年　　月　　日

| 项　　目 | A级 | B级 | C级 | D级 |
|---|---|---|---|---|
| 营业前做好准备 | | | | |
| 服装整洁、仪容端庄 | | | | |
| 顾客走进时微笑欢迎 | | | | |
| 顾客有所询问时热情回答 | | | | |
| 为顾客提供有效的商品信息 | | | | |
| 能给顾客提出合理的建议 | | | | |
| 让顾客感觉亲切 | | | | |
| 能把握销售机会促使顾客购买 | | | | |
| 顾客购物后主动替顾客包装好 | | | | |
| 给顾客找钱礼节周到 | | | | |
| 顾客离去时礼貌送客 | | | | |

**使用说明**

**目的**：了解营业人员的服务态度如何，督促营业人员改进工作态度。

**填写**：由负责人根据营业人员的实际表现评分。

## 表3－1 晨会内容分析表

日期：　　年　　月　　日

| 今天的工作目标 | |
|---|---|
| 昨天的工作总结 | |
| 具体要执行的工作 | （1）<br>（2）<br>（3）<br>（4）<br>（5） |
| 行动计划负责人 | （1）<br>（2）<br>（3）<br>（4）<br>（5） |
| 时间期限 | |
| 备注： | |

经理意见：

**使用说明**

**目的**：记录每天晨会内容，明确当天工作目标，提高工作效率。

**填写**：在开晨会时现场记录。

# 表 4－1 营业人员工作分析表

姓名：

| 销售类型 / 原因 / 日期 | 成功的销售 | 可以改进的销售 | 失败的销售 |
| --- | --- | --- | --- |
| | | | |
| | | | |
| | | | |
| | | | |
| | | | |
| | | | |
| | | | |

**使用说明**

**目的**：记录营业人员的销售业绩，帮助提高销售能力。

**填写**：营业员总结自己每天的工作情况，依次填写。

# 表 5-1 顾客基本资料调查表

<table>
<tr><td rowspan="2">顾客资料</td><td colspan="2">姓名：</td><td colspan="2">年龄：</td><td>性别：</td></tr>
<tr><td colspan="2">家庭人口：</td><td colspan="3">住址：</td></tr>
<tr><td colspan="2">顾客来商场的频率</td><td>一周两次以上</td><td>一周两次</td><td>一周一次</td><td>两周或以上一次</td></tr>
<tr><td colspan="2">顾客对商场满意的地方</td><td colspan="4"></td></tr>
<tr><td colspan="2">顾客对商场不满意的地方</td><td colspan="4"></td></tr>
<tr><td colspan="2">顾客对商场有什么建议</td><td colspan="4"></td></tr>
</table>

**使用说明**

**目的**：帮助店面了解顾客资料，改善服务水平，提高销售额。

**填写**：请顾客按照表中的提示，填写相应内容。

## 表 5－2 店面促销活动准备表

| 活动名称 | |
|---|---|
| 促销时间 | |
| 直接负责人 | |
| 促销商品 | |
| 促销原因 | |
| 促销道具 | |
| 人员配置 | |
| 场地分配 | |
| 备注： | |

经理意见：

**使用说明**

**目的**：在促销前做好充分准备，以取得更好的促销效果。

**填写**：结合促销事项，填写相应内容。

# 表5－3 培训计划表

日期：　　年　　月　　日

<table>
<tr><td>目　　标</td><td colspan="2"></td></tr>
<tr><td rowspan="3">现　　状</td><td>环境要素：</td><td rowspan="3">关键要素：</td></tr>
<tr><td>系统要素：</td></tr>
<tr><td>人力要素：</td></tr>
<tr><td>需要加强的方面</td><td colspan="2">(1)<br>(2)<br>(3)<br>(4)<br>(5)</td></tr>
<tr><td>培训计划</td><td colspan="2">(1)<br>(2)<br>(3)<br>(4)<br>(5)</td></tr>
<tr><td>时间期限</td><td colspan="2"></td></tr>
<tr><td colspan="3">备注：</td></tr>
</table>

**使用说明**

**目的：**帮助制定培训计划，提高培训质量。

**填写：**结合工作和预期目标，填写相应内容。

# 时代光华系列产品简介

时代光华公司是一家以管理培训产品、多媒体文化产品的研发、生产为主业，兼及培训认证、咨询等多方面业务的科教传播企业，它与北京大学出版社、中国企业联合会、中华全国工商业联合会等战略合作单位立足于中国管理界及大众客户的需要，充分利用现代化的最新科技，携手推出时代光华管理课程等系列产品与服务。时代光华的核心理念：真诚创造成功；时代光华的使命：最大限度地满足客户学习、培训与娱乐的需要，全力以赴推动客户成长、发展，走向成功。

◆ **时代光华管理课程**：为满足中国广大管理者培训发展的需要而推出的一整套大型多媒体课程，产品形式为**VCD(或DVD)＋CD-ROM＋文字教材(含工具表单)**的多媒体课程包，适合在VCD(或DVD)机或电脑上播放学习；课程内容涵盖管理培训的各种不同领域与层级，表现形式丰富多样而又生动灵活，既有大量的互动式的培训讲座，也有一定数量的情景剧(真人情景剧或卡通情景剧)。现已推出120余种。

◆ **时代光华网络课程**：是指对时代光华管理课程进行技术处理后通过网络进行远程互动式学习的课程，在内容上与时代光华管理课程完全相同；它可在以下网络上运行学习：①无线与有线电视网；②VOD、BOD等有线网络点播；③企业内部宽带局域网或广域因特网。**时代光华网络课程＋时代光华网络学习管理系统(软件)＝时代光华管理课程网络学习解决方案。**时代光华为企业、机构组织培训和个人点播学习准备了极有成效的整套解决方案。

◆ **时代光华管理软件**：时代光华公司作为一家软件企业，近年陆续不断推出了一批培训类、应用类软件，深受各界广大客户的热烈欢迎。

◆ **时代光华经管类系列图书**：时代光华为满足广大管理者日益增长的发展需求，整合国内外一流出版资源开发编纂了系列实用类管理图书。时代光华经管类图书已引起国内图书市场的热烈反响，并获得了众多读者的一致好评。

# 时代光华系列产品目录

## 时代光华管理课程目录

| 编号 | 课程名称 | 课程包定价(元) | 网络课程定价(元) |
|---|---|---|---|
| **个人发展类(A)** | | | |
| A01 | 现代企业员工职业化训练整体解决方案 | 2400 | 7200 |
| A02 | 企业员工全面激励训练整体解决方案 | 1200 | 3600 |
| A03 | 现代职业人士必备技能训练 | 900 | 2700 |
| A04 | 高层经理人的八项修炼 | 1200 | 3600 |
| A05 | 职业经理人十项管理技能训练 | 2200 | 6600 |
| A06 | 时间管理:高效职业人士必备技能 | 1200 | 3600 |
| A07 | 有效沟通技巧 | 500 | 1500 |
| A08 | 双赢谈判 | 600 | 1800 |
| A09 | 高效会议管理技巧 | 500 | 1500 |
| A10 | 职业经理人常犯的 11 种错误 | 700 | 2100 |
| A11 | 如何成为一个成功的职业经理人 | 700 | 2100 |
| A12 | 店面营业人员职业化训练 | 400 | 1200 |
| A13 | 如何做一名优秀的部门经理 | 600 | 1800 |
| A14 | 跨国公司员工的八个行为习惯 | 600 | 1800 |
| A15 | 商务礼仪 | 800 | 2400 |
| **综合管理(B)** | | | |
| B01 | 现代企业规范化管理整体解决方案 | 2400 | 7200 |
| B02 | 如何打造高绩效团队 | 1300 | 3900 |
| B03 | 成功的项目管理 | 1300 | 3900 |
| B04 | 管理流程设计与管理流程再造 | 300 | 900 |
| B05 | 如何以绩效考核促进企业成长 | 800 | 2400 |
| B06 | 追求卓越<br>——美国八大名牌企业成功秘诀 | 600 | 1800 |
| B07 | 世界十大知名企业高级管理人员训练教程 | 1200 | 3600 |
| B08 | 世界十大知名商学院高级工商管理培训教程 | 1200 | 3600 |
| **战　略　类(C)** | | | |
| C01 | 企业发展战略设计与实施要务 | 1300 | 3900 |
| C02 | 如何创建学习型组织 | 1300 | 3900 |
| C03 | 企业如何培育、提升核心竞争力 | 1200 | 3600 |
| C04 | 如何打造百年企业<br>——企业高层的超级修炼 | 900 | 2700 |
| C05 | 企业核心竞争力的培育方法与误区分析 | 400 | 1200 |
| C06 | 培育核心竞争力的成功模式 | 300 | 900 |
| **人力资源类(D)** | | | |
| D01 | 如何选、育、用、留人才 | 1200 | 3600 |
| D02 | 现代企业薪资福利设计与操作 | 1600 | 4800 |
| D03 | 绩效管理实务 | 900 | 2700 |
| D04 | 招聘与面试技巧 | 800 | 2400 |
| D05 | 目标管理 | 1200 | 3600 |

| 编号 | 课程名称 | 课程包定价(元) | 网络课程定价(元) |
|---|---|---|---|
| D06 | 非人力资源经理的人力资源管理<br>——部门经理人事管理技能训练 | 600 | 1800 |
| D07 | 企业组织结构设计与部门职能划分 | 400 | 1200 |
| D08 | 岗位说明书的编写与应用 | 500 | 1500 |
| D09 | 企业如何有效激励员工 | 500 | 1500 |
| D10 | 辞退员工管理与辞退面谈技巧 | 400 | 1200 |
| D11 | 职责管理 | 600 | 1800 |
| D12 | 员工关系管理 | 400 | 1200 |
| D13 | “问题员工”管理 | 300 | 900 |
| **财　务　类(E)** | | | |
| E01 | 赊销与风险控制 | 1300 | 3900 |
| E02 | 职业经理人财务素养训练<br>——非财务人员的财务管理 | 800 | 2400 |
| E03 | 企业如何进行纳税筹划 | 600 | 1800 |
| E04 | 有效收款策略与呆账处理实务 | 400 | 1200 |
| **生　产　类(F)** | | | |
| F01 | 卓越的现场管理:5S 推行实务 | 1300 | 3900 |
| F02 | 生产主管职业化训练教程 | 900 | 2700 |
| F03 | 企业供应链物流管理<br>——海尔、沃尔玛成功模式 | 1300 | 3900 |
| F04 | 企业采购与供应商管理七大实战技能 | 400 | 1200 |
| F05 | 六西格玛在中国企业的实施<br>——质量与流程能力的双重提升 | 600 | 1800 |
| F06 | 如何当好班组长 | 600 | 1800 |
| F07 | 生产问题分析与解决 | 700 | 2100 |
| F08 | 改善生产管理的利器<br>——5S 与 TPM 实务 | 600 | 1800 |
| F09 | 高效的制造业物料与仓储管理 | 600 | 1800 |
| F10 | 精益生产之 JIT 实务 | 600 | 1800 |
| F11 | 全面质量管理 TQM | 600 | 1800 |
| **营　销　类(G)** | | | |
| G01 | 销售人员专业技能训练整体解决方案 | 1500 | 4500 |
| G02 | 卓越的客户服务与管理 | 1500 | 4500 |
| G03 | 专业销售技巧 | 400 | 1200 |
| G04 | 如何建设与管理销售网络 | 400 | 1200 |
| G05 | 如何建设与管理销售队伍 | 800 | 2400 |
| G06 | 成功销售的八种武器<br>——大客户销售策略 | 700 | 2100 |
| G07 | 顾问式销售技术 | 700 | 2100 |
| G08 | 市场竞争策略分析与最佳策略选择 | 600 | 1800 |
| G09 | 柜台销售技巧 | 400 | 1200 |

# 时代光华管理课程目录

| 编号 | 课程名称 | 课程包定价(元) | 网络课程定价(元) |
|---|---|---|---|
| G10 | 专业销售表达技巧 | 300 | 900 |
| G11 | 有效的分销管理 | 600 | 1800 |
| G12 | 客户至尊——金牌客户服务技巧 | 600 | 1800 |
| G13 | 电话销售技巧 | 500 | 1500 |
| G14 | 促销员职业化训练 | 600 | 1800 |
| G15 | 门市销售服务技巧 | 600 | 1800 |
| G16 | 如何做好产品解说 | 400 | 1200 |
| G17 | 强势推销——倍增销售业绩技巧 | 600 | 1800 |
| G18 | 世界十大知名企业市场营销培训教程 | 400 | 1200 |
| G19 | 产品推广与品牌推广策略 | 300 | 900 |
| G20 | 企业广告操作实务 | 300 | 900 |
| G21 | 以顾客为中心的价值营销教程 | 300 | 900 |
| **案例类(H)** | | | |
| H01 | 海尔模式 | 1200 | 3600 |
| H02 | 韦尔奇领导艺术与GE成功之道 | 1200 | 3600 |
| **MBA全景教程(I)** | | | |
| I01 | MBA全景教程之一:企业战略管理 | 980 | 2940 |
| I02 | MBA全景教程之二:管理经济学 | 980 | 2940 |
| I03 | MBA全景教程之三:人力资源管理 | 980 | 2940 |
| I04 | MBA全景教程之四:管理学 | 980 | 2940 |
| I05 | MBA全景教程之五:公司理论与实务 | 980 | 2940 |
| I06 | MBA全景教程之六:公司理财 | 980 | 2940 |
| I07 | MBA全景教程之七:企业国际化经营 | 980 | 2940 |
| I08 | MBA全景教程之八:市场营销 | 980 | 2940 |
| I09 | MBA全景教程之九:现代企业组织设计 | 980 | 2940 |
| I10 | MBA全景教程之十:管理信息系统 | 980 | 2940 |
| **领导艺术类(J)** | | | |
| J01 | 共赢领导力——提升领导能力的五种技术 | 800 | 2400 |
| J02 | 成功领导的六种思维方法 | 800 | 2400 |
| J03 | 曾国藩从政为官方略 | 900 | 2700 |
| **跨国公司员工职业化训练高级互动课程(K)** | | | |
| K01 | 企业新进员工职业化训练教程 | 800 | 2400 |
| K02 | 高绩效主管五项管理技能训练教程 | 800 | 2400 |
| K03 | 销售人员五项基本技能训练教程 | 900 | 2700 |
| **卡通情景互动课程类(L)** | | | |
| **个人发展类(LA)** | | | |
| LA01 | 职业意识训练——认知职场 | 400 | 1200 |

| 编号 | 课程名称 | 课程包定价(元) | 网络课程定价(元) |
|---|---|---|---|
| LA02 | 工作态度训练——职业态度 | 400 | 1200 |
| LA03 | 工作能力训练——职业技能 | 400 | 1200 |
| LA04 | 如何进行角色认知与时间管理 | 400 | 1200 |
| LA05 | 如何有效的主持会议 | 400 | 1200 |
| LA06 | 如何与下属进行沟通 | 400 | 1200 |
| LA07 | 如何进行有效的激励 | 400 | 1200 |
| LA08 | 如何委派工作 | 300 | 900 |
| LA09 | 如何有效的授权 | 300 | 900 |
| LA10 | 如何有效的督导下属 | 300 | 900 |
| LA11 | 如何正确评估下属 | 300 | 900 |
| LA12 | 如何与上级沟通 | 300 | 900 |
| LA13 | 新员工如何接受工作指派 | 300 | 900 |
| LA14 | 现代成功职业人士的七个习惯 | 500 | 1500 |
| **综合管理类(LB)** | | | |
| LB01 | 28个可以避免的管理错误 | 500 | 1500 |
| LB02 | 30个常见的管理陷阱 | 600 | 1800 |
| LB03 | 如何进行压力管理 | | |
| LB04 | 如何处理团队冲突 | | |
| **人力资源管理类(LD)** | | | |
| LD01 | 怎样管理有缺点的员工 | 500 | 1500 |
| LD02 | 如何进行有效的面试 | 300 | 900 |
| **营销类(LG)** | | | |
| LG01 | 如何接近客户 | 400 | 1200 |
| LG02 | 如何发掘客户的需求 | 400 | 1200 |
| LG03 | 如何进行有效的销售陈述 | 400 | 1200 |
| LG04 | 如何处理客户的异议 | 400 | 1200 |
| LG05 | 如何快速达成销售协议 | 400 | 1200 |
| LG06 | 如何对顾客进行感情投资 | 500 | 1500 |
| LG07 | 如何规避顾客禁忌 | 300 | 900 |
| LG08 | 如何进行有效的顾客关系管理 | 300 | 900 |
| LG09 | 如何留住老客户 | 300 | 1200 |
| LG10 | 如何培养顾客忠诚度 | 300 | 1200 |
| LG11 | 如何提供让顾客满意的服务 | 400 | 1200 |
| LG12 | 如何进行商会展示 | | |
| LG13 | 如何制定营销计划 | | |
| **情景剧场(M)** | | | |
| **营销类(MG)** | | | |
| MG01 | 电话销售情景剧——疯狂电话对对碰 | 600 | 1800 |
| MG02 | 以客户为中心的销售 | 1000 | 3000 |
| MG03 | 跨国公司销售人员在职训练教程 | 600 | 1800 |

## 时代光华管理课程目录

| 编号 | 课程名称 | 课程包定价(元) | 网络课程定价(元) |
|---|---|---|---|
| 行业课程(N) 医药业(01) | | | |
| N0101 | 系统招商在医药市场的成功运作 | 2000 | 6000 |
| N0102 | OTC 产品的通路行销 | 2000 | 6000 |
| N0103 | 医药专业销售技巧 | 2000 | 6000 |
| N0104 | 如何提升医药商务主管的销售管理技能 | 2000 | 6000 |
| N0105 | 医药销售经理的管理能力提升 | 2000 | 6000 |
| N0106 | 医院微观市场深度开发与专业化管理 | 2000 | 6000 |
| N0107 | 如何做好医药企业培训管理工作 | 2000 | 6000 |
| 金融保险业(02) | | | |
| N0201 | 金融行业服务礼仪 | | |

## 时代光华管理软件产品目录

| 编号 | 产品名称 | 定价(元) |
|---|---|---|
| 人力资源测评系统(SS) | | |
| SS01 | 人力资源测评系统 | 580 |
| SS02 | 时代光华网络学习管理系统 | 50000 |
| 管理文本类(SM) | | |
| SM01 | 世界五百强企业管理软件系统 | 1980 |
| SM02 | 合同订立高手 | 580 |
| SM03 | 万用公文范本数据库 | 198 |
| SM04 | 企业通用文书 | 198 |
| 哈佛管理工具箱(SB) | | |
| SB01 | 国际通用管理标准管理中心全程运作系统 | 198 |
| SB02 | 国际通用管理标准人力资源管理系统 | 198 |
| SB03 | 国际通用管理标准办公行政管理系统 | 198 |
| SB04 | 国际通用管理标准生产管理系统 | 198 |
| SB05 | 国际通用管理标准营销管理系统 | 198 |
| SB06 | 国际通用管理标准财务管理系统 | 198 |
| SB07 | 国际通用管理标准制造业全程实施方案 | 198 |
| SB08 | 国际通用管理标准服务业全程实施方案 | 198 |
| SB09 | 国际通用管理标准酒店业全程实施方案 | 198 |
| SB10 | 国际通用管理标准建筑业全程实施方案 | 198 |
| SB11 | 国际通用管理标准房地产业全程实施方案 | 198 |
| SB12 | 国际通用管理标准装饰装修业全程实施方案 | 198 |
| SB13 | 国际通用管理标准物业管理全程实施方案 | 198 |
| SB14 | 国际通用管理标准商场管理全程实施方案 | 198 |
| SB15 | 国际通用管理标准学校管理全程实施方案 | 198 |
| SB16 | 国际通用管理标准医院管理全程实施方案 | 198 |

## 《职业经理人十万个怎么办》丛书目录

| 编号 | 书名 | 定价(元) |
|---|---|---|
| 通用技能类(1) | | |
| H101 | 如何与上级沟通 | 28.00 |
| H102 | 如何与下属沟通 | 32.00 |
| H103 | 如何进行有效沟通 | (估)28.00 |
| H104 | 如何进行时间管理 | (估)28.00 |
| H105 | 如何制订工作计划 | (估)28.00 |
| H106 | 如何提升执行力 | (估)30.00 |
| H107 | 如何进行商务文书写作 | (估)32.00 |
| H108 | 如何掌握商务礼仪 | 34.00 |
| H109 | 如何提升人际关系能力 | (估)32.00 |
| H110 | 如何实现成功谈判 | 30.00 |
| H111 | 如何进行会议管理 | (估)28.00 |
| H112 | 如何进行行政管理 | (估)29.50 |
| H113 | 如何设计企业内部管理制度 | (估)30.00 |
| 领导发展类(2) | | |
| H201 | 如何提高领导力 | (估)30.00 |
| H202 | 如何提高影响力 | (估)25.00 |
| H203 | 如何正确决策 | (估)32.00 |
| H204 | 如何提高讲话水准 | (估)28.00 |
| H205 | 如何有效授权 | 35.00 |
| H206 | 如何进行流程设计与再造 | (估)37.00 |
| H207 | 如何进行企业组织设计 | 34.00 |
| H208 | 如何创建学习型组织 | (估)36.00 |
| H209 | 如何进行企业文化建设 | (估)36.00 |
| H210 | 如何进行团队建设 | 35.00 |
| H211 | 如何进行战略管理 | 38.00 |
| H212 | 如何进行变革管理 | (估)26.00 |
| H213 | 如何进行风险管理 | (估)28.00 |
| H214 | 如何进行危机管理 | (估)32.00 |
| H215 | 如何提升企业核心竞争力 | (估)27.00 |
| 人力资源类(3) | | |
| H301 | 如何进行工作分析 | 35.00 |
| H302 | 如何进行人力资源规划 | (估)30.00 |
| H303 | 如何进行员工甄选聘用 | 32.00 |
| H304 | 如何进行员工培训 | 30.00 |
| H305 | 如何进行职业生涯规划与管理 | 35.00 |
| H306 | 如何进行人才测评 | (估)30.00 |
| H307 | 如何运用员工胜任能力模型 | (估)34.00 |

## 《职业经理人十万个怎么办》丛书目录

| 编号 | 书　　名 | 定价(元) |
|---|---|---|
| H308 | 如何评估下属 | 32.00 |
| H309 | 如何用人 | (估)35.00 |
| H310 | 如何进行员工关系管理 | 35.00 |
| H311 | 如何进行员工激励 | (估)27.00 |
| H312 | 如何提升员工满意度和敬业精神 | (估)34.00 |
| H313 | 如何管理核心员工 | (估)30.00 |
| H314 | 如何管理有缺点的员工 | (估)38.00 |
| H315 | 如何进行绩效管理 | (估)28.00 |
| H316 | 如何进行企业的薪酬设计 | (估)29.00 |
| H317 | 如何留住人才 | (估)26.00 |
| H318 | 如何进行员工健康与安全管理 | (估)28.00 |
| H319 | 如何处理劳动争议 | (估)34.00 |
| | **营　销　类(4)** | |
| H401 | 如何进行营销调研 | (估)28.00 |
| H402 | 如何进行营销策划 | (估)29.00 |
| H403 | 如何制订市场竞争策略 | (估)29.00 |
| H404 | 如何进行产品定价 | (估)26.00 |
| H405 | 如何进行品牌营销 | 28.00 |
| H406 | 如何进行分销管理 | (估)28.00 |
| H407 | 如何建设和管理销售团队 | (估)27.00 |
| H408 | 如何进行区域市场的经营与管理 | (估)30.00 |
| H409 | 如何进行销售谈判 | 35.00 |
| H410 | 如何进行大客户销售 | (估)28.00 |
| H411 | 如何建立以客户为中心的销售 | (估)28.00 |
| H412 | 如何进行顾问式销售 | (估)30.00 |
| H413 | 如何进行促销管理 | 32.00 |
| H414 | 如何通过广告进行营销推广 | 34.00 |
| H415 | 如何进行整合营销 | (估)28.00 |
| H416 | 如何进行网络营销 | (估)29.00 |
| H417 | 如何进行企业电子商务管理 | (估)34.00 |
| H418 | 如何进行客户服务管理 | 35.00 |
| H419 | 如何进行客户关系管理 | 34.00 |
| | **财　务　类(5)** | |
| H501 | 如何阅读财务报表 | 34.00 |
| H502 | 如何编制公司预算 | (估)26.00 |
| H503 | 如何进行财务清查 | 28.00 |
| H504 | 如何进行财务控制 | 30.00 |
| H505 | 如何进行收账管理与呆账催收 | (估)34.00 |
| H506 | 如何进行投融资管理 | (估)30.00 |
| H507 | 如何进行现金流管理 | (估)31.00 |
| | **生　产　类(6)** | |
| H601 | 如何进行现场管理 | 32.00 |
| H602 | 如何进行生产作业管理 | 32.00 |
| H603 | 如何进行成本管理 | (估)29.00 |
| H604 | 如何进行品质管理 | 34.00 |
| H605 | 如何进行 ISO 9000 质量管理 | 35.00 |
| H606 | 如何进行精益生产管理 | (估)32.00 |
| | **物　流　类(7)** | |
| H701 | 如何进行物流供应链管理 | (估)30.00 |
| H702 | 如何进行供应商与采购管理 | (估)32.00 |
| H703 | 如何进行运输与配送管理 | (估)36.00 |
| H704 | 如何进行仓储物料管理 | (估)28.00 |
| H705 | 如何进行物流服务管理 | 34.00 |
| H706 | 如何进行物流成本管理 | 36.00 |
| | **综合管理类(8)** | |
| H801 | 如何进行新产品开发 | (估)28.00 |
| H802 | 如何进行人本管理 | (估)34.00 |
| H803 | 如何进行企业信息化管理 | (估)30.00 |
| H804 | 如何进行知识管理 | (估)28.00 |
| H805 | 如何进行创新管理 | (估)30.00 |
| H806 | 如何进行目标管理 | 30.00 |
| H807 | 如何进行标杆管理 | (估)35.00 |
| H808 | 如何进行权变管理 | (估)27.00 |
| H809 | 如何进行压力管理 | (估)30.00 |
| H810 | 如何进行冲突管理 | (估)29.00 |
| H811 | 如何进行公关管理 | (估)29.00 |
| H812 | 如何进行项目管理 | (估)30.00 |
| H813 | 如何进行合同管理 | (估)35.00 |
| H814 | 如何防范和处理经济纠纷 | (估)32.00 |
| H815 | 如何进行国际贸易操作 | 38.00 |

## 时代光华管理标准书系目录

| 编号 | 书　　名 | 定价(元) |
|---|---|---|
| | **人力资源管理标准类(1)** | |
| S101 | 全员管理培训 | 48.00 |
| S102 | 工作分析与职位说明 | 48.00 |
| S103 | 薪酬设计与管理 | 46.00 |
| S104 | 绩效测评与管理 | 46.00 |
| S105 | 员工甄选与聘用 | 48.00 |
| | **生产管理标准类(2)** | |
| S201 | 生产作业管理标准 | 42.00 |
| S202 | 生产品质管理标准 | 48.00 |
| S203 | 生产安全管理标准 | 50.00 |
| S204 | 生产物流管理标准 | 42.00 |
| S205 | 生产设施设备管理标准 | 42.00 |
| | **职业资格标准类(3)** | |
| S301 | 职业经理任职资格与工作规范 | 32.00 |
| S302 | 职业秘书任职资格与工作规范 | 40.00 |

## 时代光华培训书系目录

| 编号 | 书名 | 定价(元) |
|---|---|---|
| | **管理发展类** | |
| T101 | 职业经理十项管理训练(全三册) | 99.00 |
| T102 | 职业经理人常犯的 11 种错误 | 29.00 |
| T103 | 高层经理人的八项修炼 | 45.00 |
| T104 | 管理者的 88 个陷阱 | 39.00 |
| T105 | 如何创建学习型组织 | 25.00 |
| T106 | 如何做一名出色的主管<br>——新任主管培训教程 | 45.00 |
| T107 | 有效沟通技巧 | 22.00 |
| T108 | 如何做一名优秀的部门经理 | 35.00 |
| T109 | 跨国公司员工的八个行为习惯 | 28.00 |
| T110 | 卓越之路:企业全面战略管理实务 | 42.00 |
| T111 | 共赢领导力——提升领导能力的五种技术 | 42.00 |
| T112 | 如何打造高绩效团队 | 45.00 |
| T113 | 曾国藩七大管理方略 | 25.00 |
| T114 | 如何成为一个成功的职业经理人 | 25.00 |
| T115 | 高绩效主管五项管理技能训练 | 30.00 |
| T116 | 高效会议管理技巧 | 20.00 |
| T117 | 商务礼仪 | 28.00 |
| T118 | 企业新进员工职业化训练 | 22.00 |
| | **营　销　类** | |
| T201 | 成功的大客户销售:实战策略、方法与核心技能 | 25.00 |
| T202 | 销售人员专业技能训练 | 25.00 |
| T203 | 客户至尊:金牌服务技巧 | 25.00 |
| T204 | 赊销与风险控制(上、下) | 58.00 |
| T205 | 电话销售实战技能训练 | 25.00 |
| T206 | 如何系统规划销售组织与业务<br>——打造金牌销售团队Ⅰ | 28.00 |
| T207 | 如何管理与控制销售队伍<br>——打造金牌销售团队Ⅱ | 28.00 |
| T208 | 如何培训与激励销售队伍<br>——打造金牌销售团队Ⅲ | 28.00 |
| T209 | 有效的分销管理 | 30.00 |
| T210 | 店面营业人员职业化训练 | 20.00 |
| T211 | 如何做好产品解说 | 20.00 |
| T212 | 门市销售服务技巧 | 30.00 |
| T213 | 顾问式销售技术 | 38.00 |
| T214 | 市场竞争策略分析与最佳策略选择 | 20.00 |
| T215 | 销售人员五项基本技能训练 | 30.00 |
| T216 | 推销雄心 | 28.00 |
| | **人力资源类** | |
| T301 | 绩效魔方:绩效管理操作手册 | 20.00 |
| T302 | 非人力资源经理的人力资源管理<br>——部门经理人力资源管理技能训练 | 28.00 |
| T303 | 员工关系管理 | 35.00 |
| T304 | 岗位说明书的编写与应用 | 22.00 |
| T305 | 辞退员工管理与辞退面谈技巧 | 20.00 |
| T306 | 如何选、育、用、留人才 | 36.00 |
| T307 | 绩效管理实务 | 28.00 |

## 时代光华培训书系目录(续)

| 编号 | 书　　名 | 定价(元) | 编号 | 书　　名 | 定价(元) |
|---|---|---|---|---|---|
| | **生产管理类** | | T406 | 全面质量管理 | 28.00 |
| T401 | 如何当好班组长 | 25.00 | T407 | 生产问题分析与解决 | 30.00 |
| T402 | 企业采购与供应商管理七大实战技能 | 22.00 | | **财务管理类** | |
| T403 | 六西格玛在中国企业的实施——质量与流程能力的双重提升 | 22.00 | T501 | 职业经理人财务素养训练——非财务人员的财务管理(上、下) | 58.00 |
| T404 | 改善生产管理的利器——5S与TPM实务 | 30.00 | T502 | 企业如何进行纳税筹划 | 32.00 |
| T405 | 高效的物料与仓储管理 | 25.00 | | | |

## 时代光华管理书系目录

| 编号 | 书　　名 | 定价(元) | 编号 | 书　　名 | 定价(元) |
|---|---|---|---|---|---|
| M101 | 扩张:跨国公司凭什么/李光斗 | 28.00 | M205 | 如何实施正确的生产管理/(日)木村博光 | 38.00 |
| M102 | 8分钟给心冲个凉/何常明 | 18.00 | M206 | 品质管理实战精要/(日)馆义之 | 28.00 |
| M201 | 这样的干部辞职吧/(日)畠山芳雄 | 32.00 | M207 | 首席推销员的习惯/(日)鹤田慎一 | 18.00 |
| M202 | 经理该干什么/(日)畠山芳雄 | 25.00 | M208 | 如何提高客户满意度/(日)武田哲男 | 25.00 |
| M203 | 员工革命/(日)畠山芳雄 | 19.00 | M209 | 改变公司面貌的5S/(日)平野裕之　古谷诚 | 32.00 |
| M204 | 管理者革命/(日)畠山芳雄 | 28.00 | | | |

## 创建学习型组织书系目录

| 编号 | 书　　名 | 定价(元) | 编号 | 书　　名 | 定价(元) |
|---|---|---|---|---|---|
| C101 | 共同愿景——创建学习型组织培训教程 | 38.00 | C103 | 创建学习型组织实践指南 | 35.00 |
| C102 | 如何创建学习型团队 | 20.00 | | | |

## 学习型领导书系目录

| 编号 | 书　　名 | 定价(元) | 编号 | 书　　名 | 定价(元) |
|---|---|---|---|---|---|
| P101 | 提升领导力的十项修炼 | 35.00 | P104 | 破解99道领导难题 | 35.00 |
| P102 | 成就卓越领导的十大白金法则 | 32.00 | P105 | 走出99个领导误区 | 22.00 |
| P103 | 掌握99种领导方法 | 32.00 | | | |